日本史の謎

②

山剛昌
たか／丸伝次郎

CONAN COMIC STUDY SERIES

学習まんがシリーズ

名探偵コナン推理ファイル

日本史の謎②

もくじ

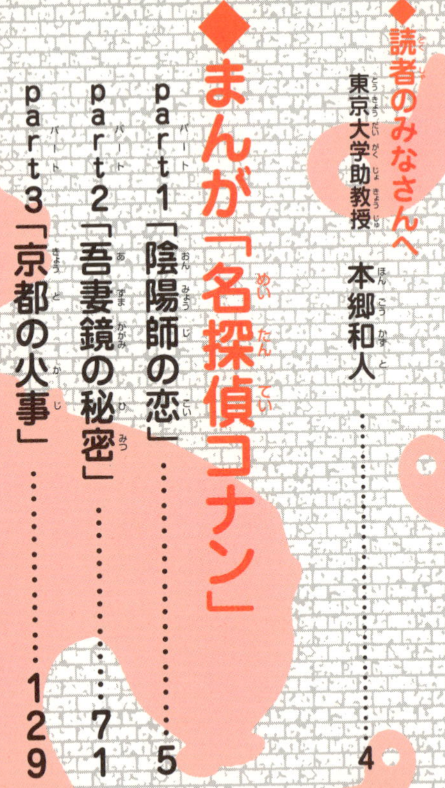

MYSTERY of THE JAPANESE HISTORY MYUSTERY of THE JAPANESE

●本文キャラクターイラスト／青山 剛昌
●本文カット／もちつき かつみ
●カバーデザイン／伊波 光司・辻本 有博
＋ベイブリッジ・スタジオ
●本文構成・デザイン／株式会社ビーアールハウス
（志鎌 和真・市 美保子・たかの かほる）
●編集協力／株式会社ダン

読者のみなさんへ

本郷 和人
東京大学助教授

東京大学史料編纂所助教授。1960年東京都生まれ。1983年東京大学文学部卒業。1988年東京大学大学院人文科学研究科博士課程終了。主な著書は「中世朝廷訴訟の研究」（東京大学出版会）「武門の覇者と東国国家」（人物往来社）。

歴史は暗記モノ、みなさんはそう思っていませんか。○○○年にどうして××年にこうして。こんなのメンドウくさくて憶えられないや。嫌いだ、歴史なんて。

そんなことないんですってば!! 暗記から歴史に近づこうとしたら、そりゃあ歴史はつまらないし、味気ない。まずは大きな歴史の流れに飛び込んでみてください。この本でいうなら、平安時代の京都では貴族の政治が行われて、地方からは武士が力を伸ばしてくる。やがて武士たちは源頼朝のもとに結集し、鎌倉を武士の都として武士の時代が始まる…。こうした大きな流れを理解しておけば良いのです。細かなことは必要になったら調べればいいのだし、歴史を楽しんでいるうちに、かなりの知識が自然と身に付いていきますよ。御成敗式目が制定されたのは何年？　あまり大きな声では言えないのですが、じつは私だって憶えてないのです。

さあ、おおらかな気持ちで歴史にふれて、楽しんでみてください。だって歴史には英雄も出てくれば、お姫様も出てくるし、鬼だってお化けだって現れるんですから。この本はその第一歩です。ページをめくれば歴史が好きになること、間違いありません。

この本のねらい（おうちの方へ）

この本は、「名探偵コナン」の推理漫画と、学習記事によって構成されています。漫画では、最新の歴史知識を駆使して、コナンが難事件に挑戦します。自由な空想の翼を広げ、コナンの冒険を楽しんでください。また学習記事では、各界の専門の先生の監修により、最新の歴史知識を平易に解説しています。学校では学習することのできない歴史の真の面白さに触れてください。そしてあわせて、証拠を集め、仮説を検証し、真実にいたるコナンの推理が、学問の方法にほかならないこと、歴史を学ぶことがドキドキするほど素敵なエンターテインメントであることを、お子さまに教えてあげてください。

名探偵
コナン
DETECTIVE CONAN
推理ファイル
part1
「陰陽師の恋」
[原作] 青山剛昌
[まんが] 阿部ゆたか・丸伝次郎
[シナリオ] 平良隆久

2

平安神宮・応天門

うわ━━っ
きれいな門!!

この平安神宮のご社殿は、恒武天皇が794年に開かれた当時の平安京の正庁朝堂院を8分の5で再建したものなの。

藤原朝顔（小5）

朝顔ちゃんは5年生なのに詳しいわね！

朝顔のお爺ちゃんは大学の歴史の先生でね、朝顔は物心つくとすぐ京都中を連れまわされて歴史を教え込まれたの。

なるほど。

お父さんはね、京都でも名門の華道一条流の重鎮なの。

でも、お父さんが一条流で偉くなったのは、お兄さんたちが次々と死んでしまったからよ。

確か長男の一道さんは、身体中にカメムシがついたまま死んでいたんですよね。

次男の継道さんはドクガの幼虫が、そして三男の吉道さんはシロアリが身体中に群がって死んでいた。

身体中に虫がついて死ぬなんて、まるで虫を操った平安時代の陰陽師の呪いのようだわ。

平安時代にも同じように、有力な貴族の藤原家四兄弟のうち三人が死んでるから、お父さんは次は自分の番だっておびえてるの。

摂政って、いったいなんだ!?

天皇が小さい時、補佐役をして実際の政治を操るの。天皇が大きくなると、関白となって同じように補佐するのよ。

ああ摂関政治って奴か、きいた事があるぞ。

4

5

不幸はまだ続くの。788年に天皇の夫人が病死し、翌年に母親が、その翌年には皇后が次々と急逝したの。おびえた桓武天皇が陰陽師に占いを行わせたら、早良親王のたたりと出たの。

た、たたり!?

そのために長岡京の遷都計画は、わずか10年で中止になったのよ。

本殿前

きれ――っ！

藤原道長

これはこれは園子さん！

おじ様、生け花の会は大盛況のようね！

おかげさまで。

おお、この人ですな！兄たちの死の謎を解いてくださるのは!!

毛利小五郎と申します。

よろしくお願いします。夜もオチオチ寝られない状態で……

私が来たからにはもう大丈夫です!!

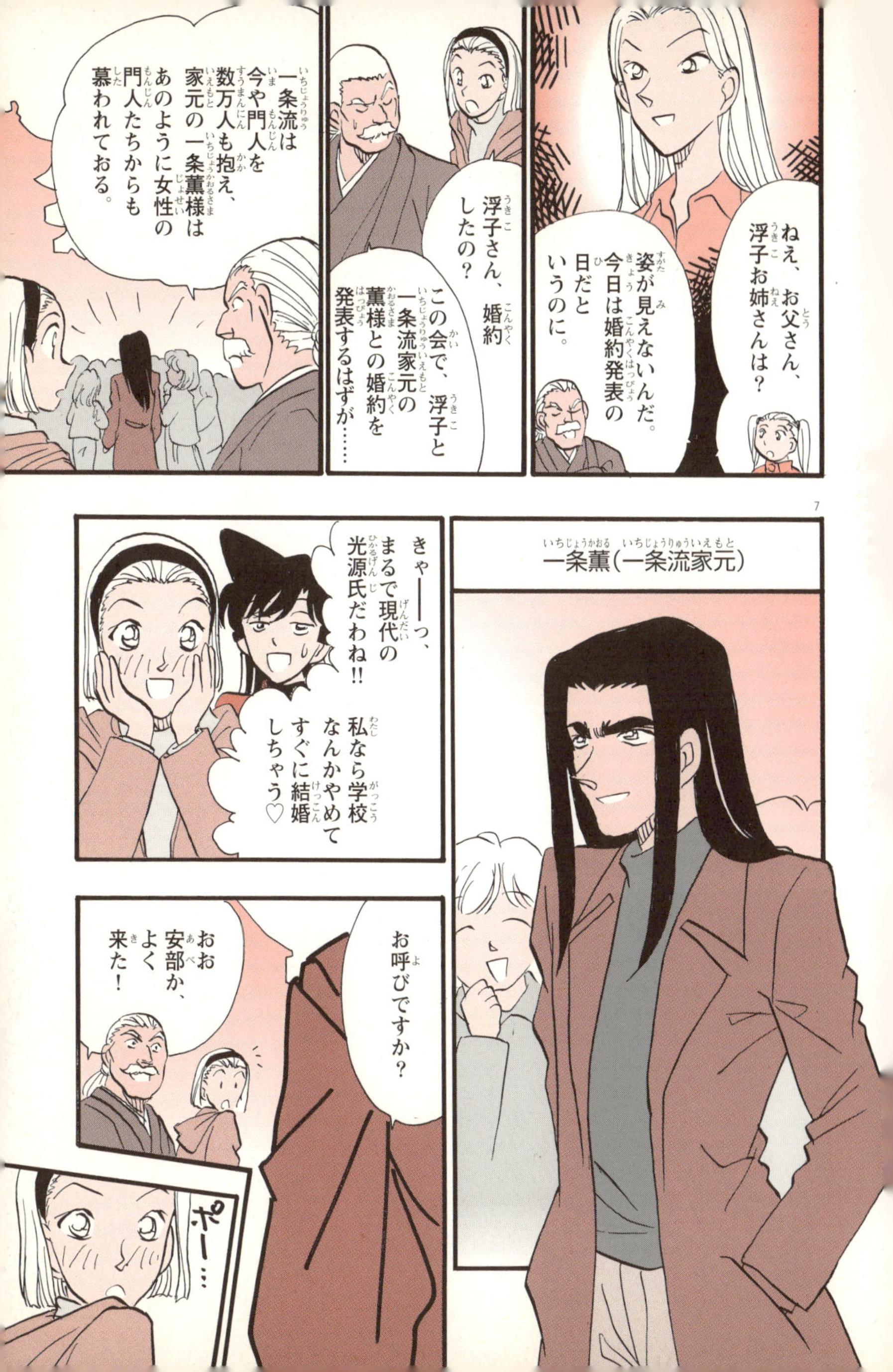

ねえ、お父さん、浮子お姉さんは？
姿が見えないんだ。今日は婚約発表の日だというのに。
浮子さん、婚約したの？
この会で、浮子と一条流家元の薫様との婚約を発表するはずが……
一条流は今や門人を数万人も抱え、家元の一条薫様はあのように女性の門人たちからも慕われておる。

一条薫（一条流家元）
きゃ――っ、まるで現代の光源氏だわね!!
私ならなんか学校やめてすぐに結婚しちゃう♡
お呼びですか？
おお安部か、よく来た！
ポー……

安部芳春
きゃーーーっ!
ここにも
いい男♡
トホホ…

ったく、園子の
惚れっぽいのは
一生治らんな。

この男は私の腹心で、
陰陽道を操る
安部という
者です。
ステキな
香水をつけて
らっしゃるのね!

これは一条薫様から
頂いたお香です。
お香?

平安時代より薫物と
申しまして、自分の着物に
自分で調合した香の
香りをつけるのが、貴族の
たしなみだそうです。

うっとり
ステキな
伝統
ですね。

薫様は香だけではなく、
その人にふさわしい香水も
作ってくれるのよ!
私にもとってもステキな匂いの
香水をくれたわ!
うわーっ、
このマセ
ガキが!!
ポーン
ぱたぱた…

陰陽道って、
悪霊なんかを
払ったりする
んでしょ?

平安神宮・神苑

じつは昨日の夜、浮子お姉ちゃんの部屋をのぞいた時、もうお姉ちゃんの姿はなくて、

机の上にこの置き手紙だけが……

これを見せたら、お父さんが大騒ぎすると思ったから隠してたの。

えっ？

「橘の小島の色はかはらじをこの浮舟ぞゆくへ知られぬ」

その歌って、平安時代に紫式部によって書かれた『源氏物語』に出てくる歌だね！

ああ。内容は浮舟という女性が、先の見えない自分の運命を、行き先の分からない舟に例えて詠んだものだ。

浮子さんも美しい方ですから、そんな悩みがあったのでは？

さあ、私は色恋沙汰にはトントうとくて。

そうですか。では、浮子さんの行きそうな所はありませんか？

悩み事があると、いつも延暦寺に行っていたわ!!

よし！ではそこに行ってみようか!!

比叡山延暦寺

それにしても、すごい山の中だな。

ハァ…ハァ…

根本中堂

延暦寺には、東塔・西塔・横川にそれぞれ仏堂がありますが、この東塔の根本中堂が最大の仏堂です。

同・中堂

ユラユラ燃える小さな明かりしかないんだな。

薬師如来の前にあるあの明かりは、開創以来千二百年消える事なく輝いている、不滅の法灯と呼ばれている物です。
千二百年!?

どう、驚いた?
ああ、宗教の力ってすごい事を人にさせるね!

お姉さんもこの光を見つめるのが好きだったの。ここにくれば逢えると思ったのに。

……

でもここって、昼間でも薄暗くて何か怖いわね。
言われてみればそうだな。

じつはこの山は、平安京にとって東北の鬼門の位置にあるのです。
鬼門?

船岡山
朝堂院
内裏
右京
平安京
左京
山陰道
桂川
朱雀大路
鴨川
宇治川
巨椋池跡

陰陽道では、東西南北に青龍・朱雀・白虎・玄武の守り神が宿る場所が、悪霊が入るのを許さない最良の場所とされます。

平安京は東の鴨川が青龍、南の巨椋池が朱雀、西の山陰道が白虎、そして北の船岡山が玄武の役をしているのです。

鬼門をこの寺が封じることで794年から明治維新が始まるまでの千年の長期間、京の都は続く事になったんです。

なるほどね!

13

一条流の本部も、安部さんがアドバイスした場所に移してから、前よりずっと生徒さんが増えているのよ!

陰陽道って本当に効果があるんだな。

たじっ

それに平安京に本当に遷都したのは、奈良時代の後半に仏教が政治に深く関わり、道鏡のように天皇を操り、ついには皇位まで狙う僧まで出てきたからなんじゃない？だからこそ桓武天皇は平安京に遷都しても、大寺院を長岡京や平安京に移転することを認めなかったんだね！

き、君は本当にすごいね!!

全部歴史好きの阿笠博士が言ってた事なんだ！
なんだ、受け売りなの。
フン

でも君にかかっては陰陽師は用なしになってしまうな！
たた、たた、
そんなつもりじゃ……

安部様、一昨日、浮子様があなたに渡してくれと。
えっ？
何と書かれているんです!?
と、「鳥部野」とだけ……

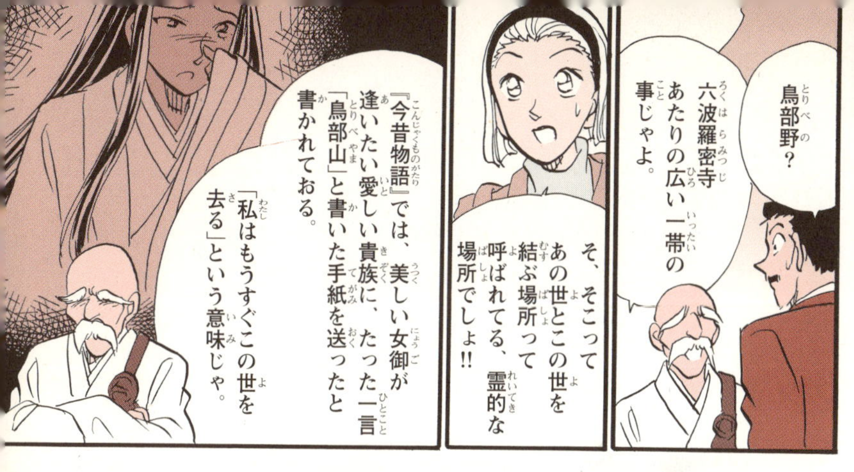

六波羅密寺

私はこっちをさがします！

朝顔さんは、皆さんとご一緒に！

うん！

同・宝物館

この六波羅密寺は、951年、醍醐天皇の第二皇子・光勝空也により開創されたの。

平安時代、鳥部野には当時流行した天然痘で死んだ人や、

貧困で死んだ人の死体を捨て風葬や鳥葬にしていたそうなの。

鳥葬って鳥に死体を食べさせるの!?

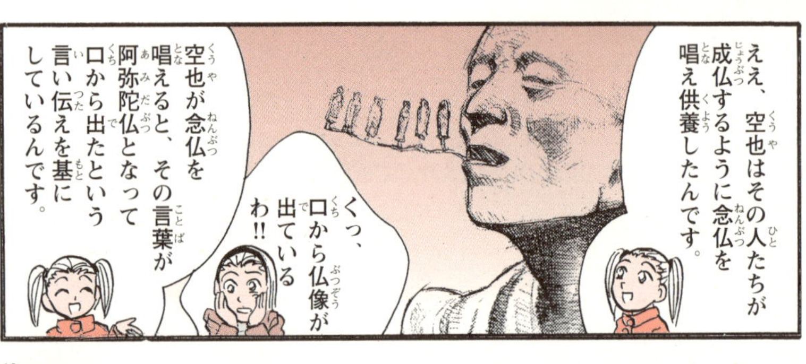

空也は天皇の子どもでありながら、当時流行した悪霊退散のため、自ら八面観音像を彫り、車に安置して市中を曳き回ったそうです。

偉い人だったんだな!

すべてを捨ててこそ悟りの道に至ると考え、実際にすべてを捨てて諸国を歩き、仏教の道を説いたの。

浮子お姉さんもこの寺に来ては、すべてを捨ててそうしてみたいって……

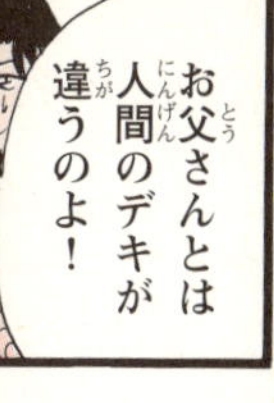
もったいないな！せっかく天皇の子どもに生まれてきたのに！当時の天皇の子どもなら好き勝手が出来たろうに……

お父さんとは人間のデキが違うのよ！
どこが違うって!?

鳥部野は昔、清水寺の方まで続いていた。そこへ行ってみよう!!
はい！

タタッ
あっ安部さん!!
ここにはいないようだ！

清水寺
この寺は778年延鎮上人が開山し、帰依した坂上田村麻呂が十一面千手観音像を安置する仏堂を建てたのよ。

坂上田村麻呂といえば、朝廷から征夷大将軍に任じられ、東北の蝦夷を平定した人だな！

そうよ！
わー！見てーーっ!!

紅葉がとってもきれい!!
紅葉もいいけど、下を見てみろ。
えっ?

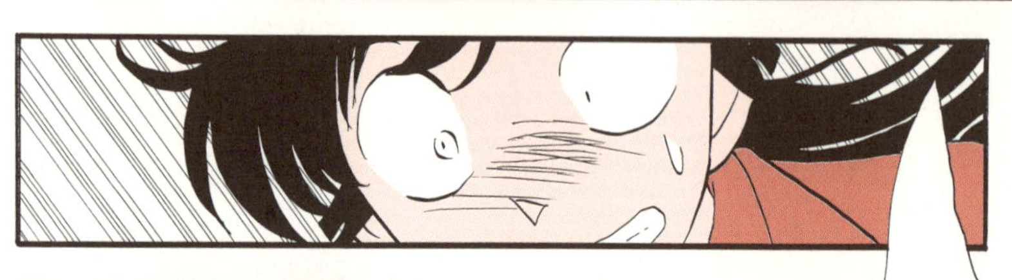

きゃあーーっ!!

蘭ねえちゃん大丈夫?
う、うん。
ガチガチ
ここは「清水の舞台から飛び降りた気持ちで」とよく言われているとおり、勇気を持って物事に取り組む時に使われる言葉にもなってますから。

19

宇治・平等院鳳凰堂

この建物は寝殿造りといって、正殿を中心とした数棟の建物と池や築山などを取り入れた庭園で構成されているの。

優美だわ！まさに御殿って感じね!!

まわりの池が建物を、より神秘的にしてるね！

あの空也は念仏を唱え阿弥陀仏を信仰すれば、来世で幸福が得られると説き、阿弥陀仏の信仰、浄土教を広めたのです。

しかし平安時代の貴族たちは、この世に極楽浄土を築こうとして阿弥陀仏の像を造り、このような建物を建て安置したのです。

当時の人なら、これを見て極楽がこの世に現れたと思ったでしょうね!

じゃ、あの鳳凰堂に阿弥陀仏が安置されてるの?

ええ、定朝が造った、平安時代を代表する阿弥陀仏があります。

でも藤原氏は、どうしてそんなに次々と摂政や関白になれたんだ?

自分の娘を天皇に嫁がせたんですよ!

生まれた孫が天皇となった時に、自分の意のままにして政治を操り続けたんです。

かっ薫様っ!!

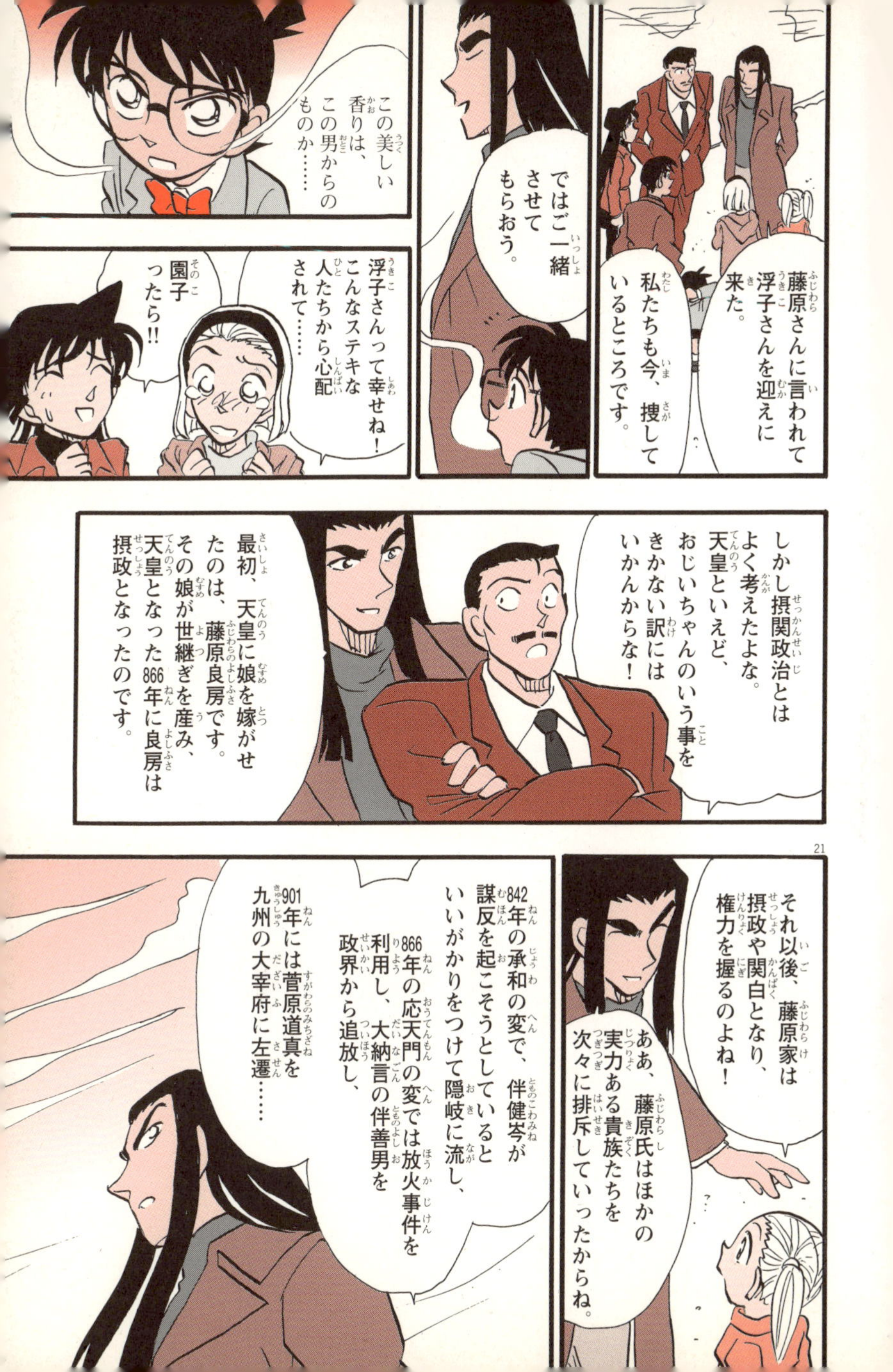

それ以後、藤原家は摂政や関白となり、権力を握るのよね！

ああ、藤原氏はほかの実力ある貴族たちを次々に排斥していったからね。

842年の承和の変で、伴健岑が謀反を起こそうとしているといいがかりをつけて隠岐に流し、866年の応天門の変では放火事件を利用し、大納言の伴善男を政界から追放し、901年には菅原道真を九州の大宰府に左遷……

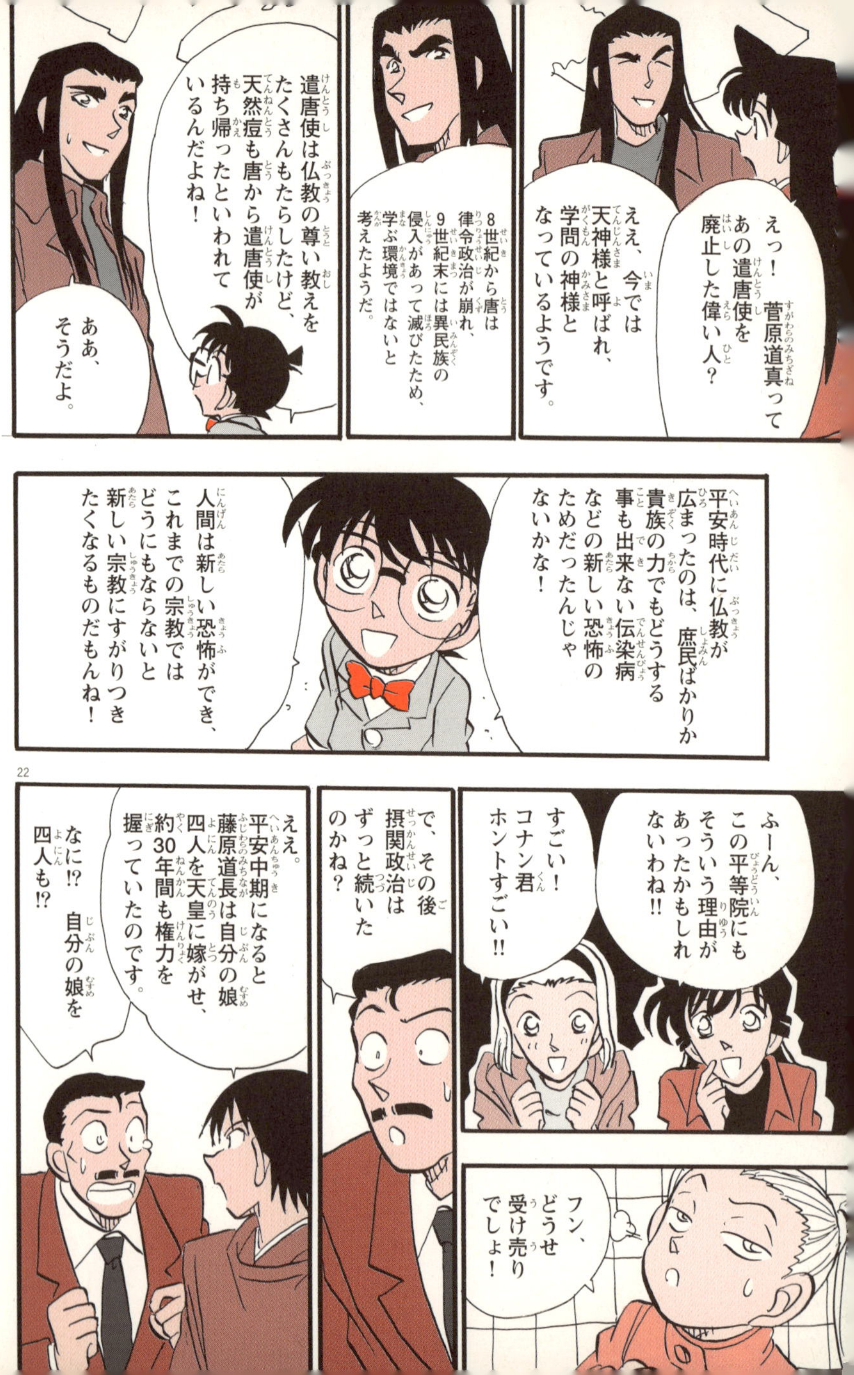

ふーん、
この平等院にも
そういう理由が
あったかもしれ
ないわね!!

すごい！
コナン君
ホントすごい!!

フン、
どうせ
受け売り
でしょ！

で、その後
摂関政治は
ずっと続いた
のかね？

ええ。
平安中期になると
藤原道長は自分の娘
四人を天皇に嫁がせ、
約30年間も権力を
握っていたのです。

なに!?　自分の娘を
四人も!?

ええ。道長は「この世をば我が世とぞ思う望月の欠けたることもなしと思えば」とすべてを意のままにした事を示す歌まで詠んでいます。

まるで、君のボスの藤原さんと同じだな!

確かに藤原さんが娘を薫さんに嫁がせ、一条流の後継ぎを産ませ、すべてを牛耳ろうとしていると陰口を叩く人もいますが……

あっ、そうだ! 浮子さんは宇治川にかかる橋から、宇治の景色を見るのが好きだったんだ!!

宇治川

遣唐使を廃止した事によって、絵画は日本の山水や人物を描いた大和絵が発達して、『源氏物語絵巻』などの絵巻物が作られたのよ!

日本独自の文化が発達したんだね！

それを国風文化っていうのよ。

初めての勅撰和歌集『古今和歌集』が紀貫之の手で編纂され、貫之は初めて仮名を使った日記『土佐日記』も書いたの。文学は仮名文字が発達し、清少納言が『枕草子』を、紫式部が『源氏物語』を書いたの。

『源氏物語』には、宇治の事を書いた宇治十帖って箇所があるわね！

『源氏物語』の45帖からは、光源氏亡きあと源氏の子の薫と孫の匂の宮が、美しい娘の浮舟を取り合う話になるの。

あっ、お姉さんの車だ!!
えっ！

浮子ーーっ!!

浮子ーーっ!!

……

なんて事だ、もう少しで私と結婚するはずが……

……
フロントガラスが割れてるところを見ると、浮子さんはそこから川に流されたのでは?
……
ホントに『源氏物語』と同じになっちゃった……
浮子、普段は大人しいのにハンドル握ると人が変わるから……

こんな事なら、ワシの車を与えるんじゃなかった!!

いえ、浮子さんは、ハンドルを握っている時が、自分で生きてるって実感があるっていつも言ってました!

何だ、まるでワシが浮子の自由を奪っていたとでも!?

実際、そうだったんじゃありませんか!!

ほ、ほんと!?

た、確かにこれは私が使う呪符だ!!

じつは最近、藤原家の人々が三人続けて亡くなったのも、その術のせいだと私は睨んでいる!

ハハッ、しかし21世紀の今、陰陽道で人を殺すなどと……

私も術で殺したなどと思ってやしない! 術に見せかけた何かトリックを使って浮子さんを殺したと言ってるんだ!!

確かにそれならあり得るな……
私はやってない!!何故私が浮子さんを!!
……

隠さなくてもいいさ、君が浮子さんを愛していた事は分かっていた!君は私にとられるくらいなら殺そうと考えていた!!そうだろ?

藤原一族を次々に殺したのも君だ!藤原さんの兄弟を殺せば、藤原さんに気に入られ浮子さんとの結婚も許してもらえると思ったんだ!
安部、まさかきさまっ!?
なるほど、そういうわけだったのか。
29

う、うそだ!私は殺ってない!!
ブレーキホースが外れてます!!
なに!?

ん?確かこの車はもともと藤原さんの物でしたな?
そ、そうですが。

ブレーキホースは、ブレーキをかける時に必要なブレーキオイルを供給する大事な部品だ!それが外されていたらブレーキがきかない!!
ギロリ
では、この車のことなら何でも知ってるわけですね!

まさか、実の父の私を疑っているのですか？

朝顔ちゃんが言うには、あなたは嫌がる浮子さんを無理やり薫さんの元へ嫁がせようとしたと！

浮子の幸せのためだ!!

それはあなたの見解で、浮子さんはそうは思わなかった！ あなたは浮子さんが逆らうので、薫さんの手前、引くに引けず娘を殺してしまえば、自分の面目が立つと思ったんだろう!?

冗談じゃない！ 車は土手から落ちたんだ!! そのショックでブレーキホースが外れたんだ!!

うむ、それもありえるな！

もう、どっちなんですか!?

だがハチはめったに人を刺さないし……

第一、車が川に落ちた時、死んで川の流れにのまれたハチが、偶然車の中に入ったのかもしれない……

この香りはあの人で、
こっちはあの人のものだ！

そうだ！これを使えば!!

ブーン

そうだ!!

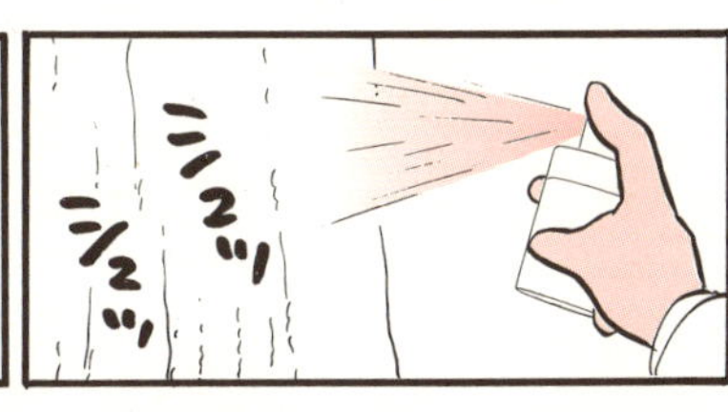
シュッ
シュッ

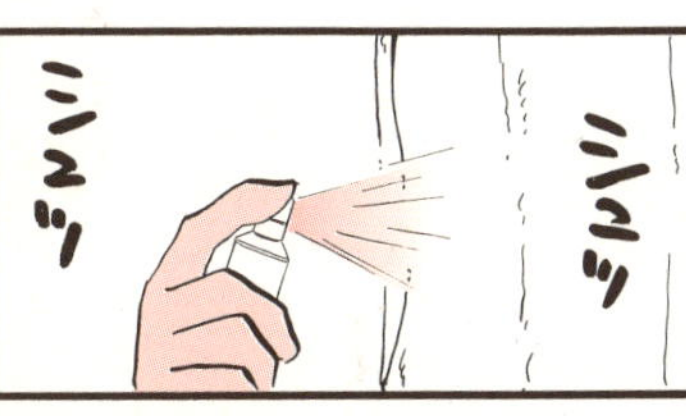
シュッ
シュッ

俺の読みが正しければ、答えはすぐに出る!!

ブーーン

やはりそうだったか……!!
ブーン
ブーン

犯人は、あの人に間違いない!!

では何で川に落ちたっていうんだ？

浮子さんの運転は常に猛スピードを出していた。それを犯人が利用し、浮子さんを殺そうと仕組んだんだ！

でも、仕組むってどうやって？

え？ウソ!!

犯人はハチを使って、浮子さんにアナフィラキシーショックを起こさせ、運転を誤らせたんです！

な、なんだ、そのアナなんとかって？
車の助手席に大スズメバチの死骸がありましたね？

ええ、それが何か？
ハチが狭い車の中で暴れたらどうなります？

んー…

浮子お姉さんは前にハチに刺されてからハチが大嫌いだったわ!!

でもハチって巣をいたずらしなきゃ、刺さないはずよ！
そのとおり！

初秋の今などよく人が刺されるが、この時期、巣作りが活発になっているため、単に人が誤って近づいてしまうからだ。だが人を襲うように仕向ける事は出来る！

えっ、ホント？
ブーン
ブーン
ブーン
ちくっ

ハチは敵を刺す時、攻撃フェロモンを吹き付けたり、針を敵の体に残すんだ。仲間のハチはその匂いを嗅ぎ付け、敵を認識して襲いかかる。

ハチに刺された人が、次々とハチに襲われるのは、そのせいなんだ！
ブーン

でも犯人はどうやって攻撃フェロモンを付着させたの？

きゃっ!!

ブーン

ブーーン

車の床に二本の香水瓶が転がっていたが、その二つの香水をあの木に振りかけたとたん、片方だけハチたちが攻撃をしかけてきた。

えっ！

だ、だれがその香水を浮子さんに!?

それが出来る人物は一条薫さん、あなただけだ!!

ザワ

えっ!?

皆も知っているとおり、薫さんは伝統的な薫物をやっていて、さらに他人の香水まで作ってくれる!

ワシや嫁や、安部の分まで作ってくれましたぞ!

……

これは私の想像だが、浮子さんが事故を起こす直前に薫さんは浮子さんと逢っていましたね?

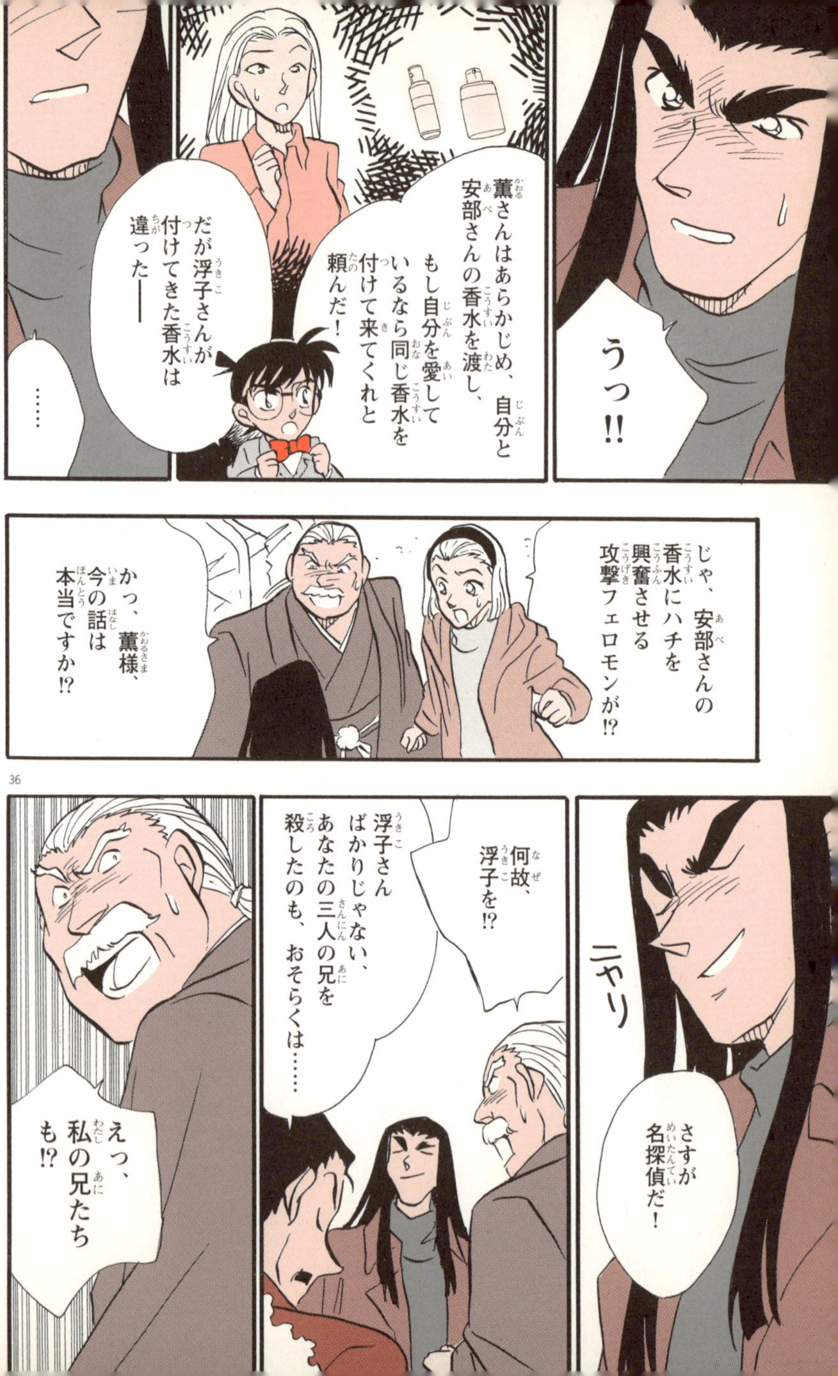

うっ!!

薫さんはあらかじめ、自分と安部さんの香水を渡し、もし自分を愛しているなら同じ香水を付けて来てくれと頼んだ!

だが浮子さんが付けてきた香水は違った――

……

ニヤリ

さすが名探偵だ!

何故、浮子を!?

浮子さんばかりじゃない、あなたの三人の兄を殺したのも、おそらくは……

えっ、私の兄たちも!?

でも藤原さんの長男は身体中にカメ虫、次男はドクガの幼虫、
そして三男はシロアリが身体中に群がって死んでいたのよ!?

わずらわしかったのさ！

えっ？

おまえの兄たちは、一条家を我が物にしたいがために皆が自分の性格の悪い娘たちを力ずくで私に嫁がせようとした。私が大人しいのをいい事に本当にあさましい奴らよ!!

だがお前の娘、浮子は違った！本当に美しく、優雅で私にふさわしい女だった!!

しかし事もあろうに、浮子は私の愛を拒んだ!!結婚をなかなか承知しようとしなかった!!

なぜなら浮子は、安部に気があったからな!!

そこで昨日、安部と私のどちらかにしろと迫ったら、あの女は安部の香水を付けて来たのだ!!

私は許せなかった！
私はあの女のために三人も殺したのだぞ!!
私と結婚したい奴はたくさんいるのに、その私を振るなんて！
だから私は罰として別れ際に車の中にハチを放ってやったのさ！
おかしいわ！
あなた、ぜったいにおかしいわ!!
フフフッ、私に逆らった者はすべて死ぬのだ!!
ははは、はははは、
……
行方不明の藤原浮子さんの生存を宇治川下流で確認!!
くりかえす藤原ー
えっ！
浮子お姉さんが生きてる!!

やったーーっ!!

そ、そんなバカな!!

ハチアレルギーの人はハチに刺されたら、意識を失ってしまう人もいる。

浮子さんはおそらく意識を失っていたために、流れに逆らわず身を任せていたから助かったのかもしれない……

藤原さんも反省して、浮子さんと安部さんの結婚を認めてくれてよかったわ！
平安時代に摂関政治を長く続けていた藤原氏も、道長の子どもの頼通の時代に嫁がせた娘が、
皇子を産むことがなかったためにそれ以後あっけなく摂関政治は終わってしまったし……
娘を利用して偉くなろうって考えがそもそも間違っているわ！
確かにね。
だからこそ次の時代は、自分の力を頼りに生き抜いた武士たちの時代が来る事になるんだね。

平安時代

桓武天皇の政策① 平安京への遷都

8世紀後期～9世紀

桓武天皇は天皇の位につくと、まず都を移すことに取り組んだ。奈良の平城京から、最終的に平安京へと都は移された。

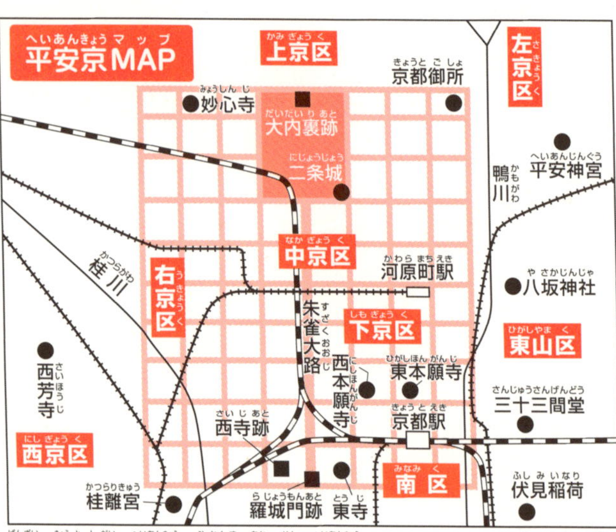

現在の京都市街と平安京の比較図。赤い線が平安京。

中国の都をまねた平安京

桓武天皇が平安京（現在の京都）に遷都したのは794（延暦13）年のこと。中国の都をまねて、碁盤の目のような町が造られた。朱雀大路を境に西側は右京、東側は左京と呼ばれたが、右京は土地が低く、たびかさなる水害のために人々は左京に移るようになって都はおよそ半分くらいの規模になった。現在の京都には道路の様子や地名など、当時の名残りが今でも数多く残っている。

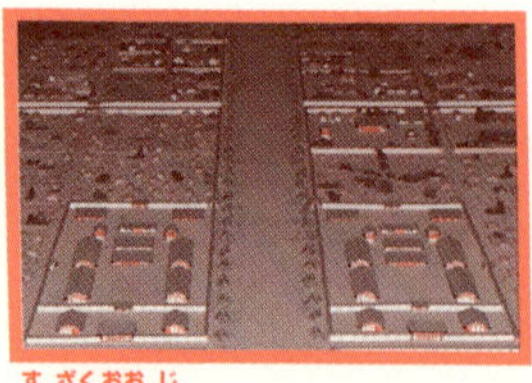

朱雀大路

都の中央には朱雀大路という広い道が南北に貫いていて、道幅約84m、長さ約3.5km、南端には平安京の正門・羅城門、北端には大内裏があった。

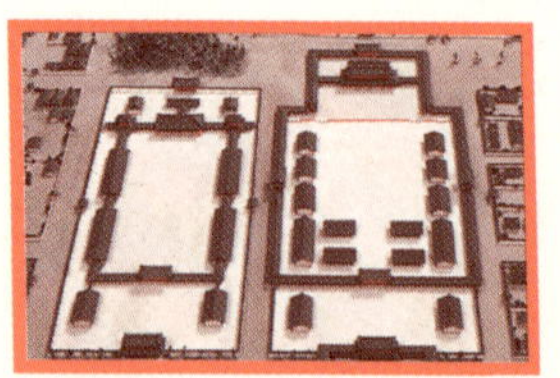

大内裏

平安宮とも呼ばれ天皇の即位式などの国の行事や政治の中心となった場所。中国の建物によく似た朱塗りの柱と白壁の豪華絢爛な建物が並んでいた。

桓武天皇の行った政策

桓武天皇は781（天応元）年、44歳で即位した時にそれまで70年ほど続いてきた奈良の都・平城京から都を移すことを決断。都を移すことで政治を刷新し、国のしくみを作り直そうとした。

大寺院や僧侶が力を持ち過ぎて、自分たちに都合よく政治を動かすほどの存在になっていたことも遷都の理由だ。

長岡京ののろい

桓武天皇は784（延暦3）年、周囲の反対を押し切って、まだ未完成の長岡京遷都を行ったが、新都づくりの責任者・藤原種継が、遷都の翌年9月、何者かに矢を射られ暗殺された。

この事件の計画に天皇の弟で皇太弟でもあった早良親王が加わっていたという情報があったことから、桓武天皇は、親王をとらえて、淡路島に流刑にしてしまった。

この時、親王は、流される途中で絶食し亡くなったが、無実の罪に対する抗議の自殺だったともいわれている。

【桓武天皇による2回の遷都】

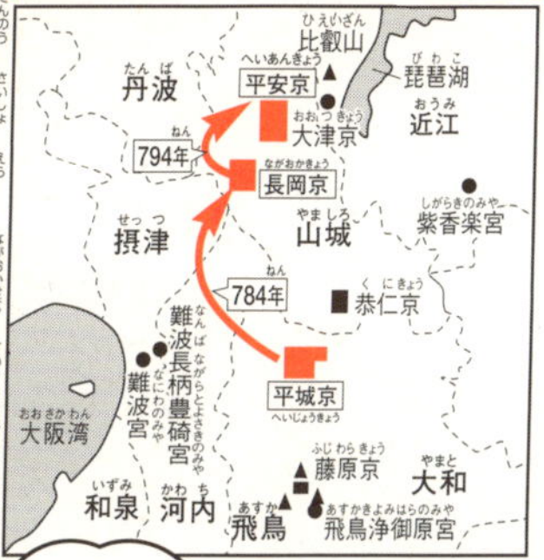

桓武天皇が最初に選んだ長岡京は水陸交通の要所。

その後、桓武天皇の母、皇后が次々に亡くなり、早良親王の後に立てた皇太子も病気になってしまった。さらに長岡京が洪水に見舞われるなど不幸な出来事が続き、天皇は早良親王の怨霊のたたりではとおそれ、再び遷都を決意した。この時、南以外の三方を山に囲まれた盆地、平安京が神々の力が集まる場所として選ばれた。

この時代は怨霊やたたりなどが信じられ、祈祷を行った。

平安時代

桓武天皇の政策② 東北の平定

8世紀後期～9世紀

東北地方の平定を志した桓武天皇だが、蝦夷とよばれた東北の民の抵抗は根強く坂上田村麻呂が征夷大将軍に任命された。

北へ追いやられた蝦夷の民

7世紀半ばごろから朝廷は律令制度に東北地方に住んでいた蝦夷を組みこもうとして、多賀城をはじめ、秋田城、桃生城などを築城し、東北地方の開拓を進めていった。関東地方や東北地方南部の農民を北に移住させ、城や柵を築いて開拓していった。もともと住んでいた人々は北へ北へと追いやられて不満はつのり、朝廷の築いた城をおそうという事件もたびたび起こるようになった。

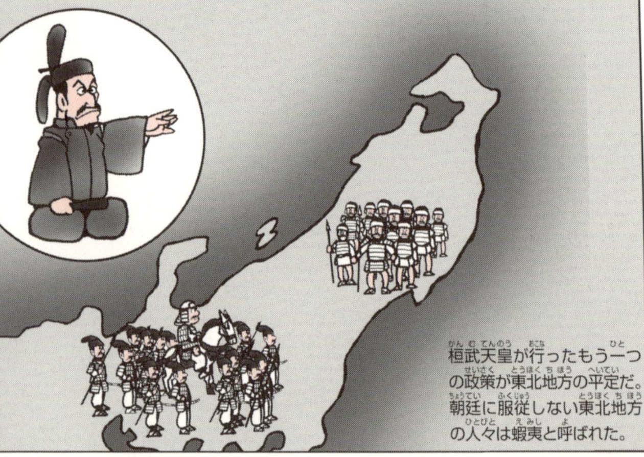

桓武天皇が行ったもう一つの政策が東北地方の平定だ。朝廷に服従しない東北地方の人々は蝦夷と呼ばれた。

坂上田村麻呂の登場

幼い頃から馬や弓を巧みに操った坂上田村麻呂は、武勇に優れた人物として桓武天皇からの信頼もあつかった。794（延暦13）年に行われた2回目の東北遠征では副将軍として参加し、続く801（延暦20）年の遠征では征夷大将軍として軍を率いて戦った。

渡来人の子孫だった坂上田村麻呂は情にもあつく、敵である蝦夷の大将・アテルイの命を助けようとしたともいわれる。

朝廷の東北進出

780（宝亀11）年、蝦夷の伊治呰麻呂が、朝廷の東北進出最前線基地だった多賀城を攻め落とした。伊治城、多賀城ともに焼け落ちた。

789（延暦8）年、朝廷は東北平定のために5万人もの大軍を送り込んだ（第1回遠征）が、結局失敗に終わった。そこで794（延暦13）年頃、10万人の遠征軍（第2回遠征）が送られ伊治城を手に入れた。

801（延暦20）年、坂上田村麻呂に陸奥の国の平定がゆだねられ、多賀城から伊治城にすすみ、さらにアテルイの根拠地・胆沢（現在の岩手県水沢市）を平定して胆沢城を築いた。

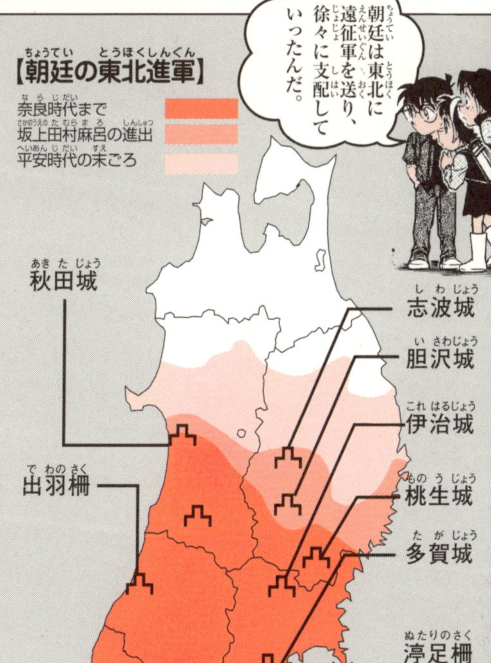

桓武天皇は藤原緒嗣の進言を聞き入れ、東北平定計画を中止した。

桓武天皇は不正をした役人を取り締まるしくみを作った。

東北平定計画の中止

805（延暦24）年、平安京遷都から10年ほどたった頃、桓武天皇は平安京造りの中心だった造宮職という役所を廃止し、東北平定の計画も中止した。長岡京、平安京建設による国の財政圧迫が主な原因だった。その一方で、不正を働く役人を正すための役職、勘解由使を作ったり、兵役で苦労していた農民のために健児という組織作りをするなど政治改革をおしすすめた。

平安時代

新しい仏教の中心人物、最澄と空海

9世紀

平安京遷都の引き金にもなったのが仏教の政治への介入だった。遷都後に新たな仏教として保護されたのが天台宗と真言宗だ。

新しい仏教の登場

奈良時代までの代表的な仏教は南都六宗（南都とは奈良のこと。六宗とは六つの宗派）だった。宗教というより、学科を勉強するようなもので、学問に偏りすぎていた。

もう一つの特徴は、仏教が国を守るという役割。天皇が病気だったり、日照りで農作物ができないなど、困ったことがあると僧を集めてお経を読み儀式が執り行われた。そのために政治と深く結びついてしまったのである。

このような仏教に不満を持った最澄と空海の二人が、桓武天皇や嵯峨天皇の援助も受けて、新しい仏教、天台宗と真言宗を開いた。

唐から持ち帰った最新の教義をもとにした新しい仏教は朝廷に受け入れられ、貴族たちの信仰を得た。

【高野山ゆかりの寺】

醍醐寺（京都市伏見区）

空海の高弟に密教を学んだ聖宝が創建した寺（写真は三宝院）。醍醐天皇によって手厚く保護され、薬師堂、五重塔などが創建された。

室生寺（奈良県）

興福寺の僧が創建し、真言宗の道場となった。女人禁制の高野山に対し女性に門戸を開いたことから「女人高野」と呼ばれた。

真言宗を開いた空海（弘法大師）

806（大同元）年、真言宗を開いた僧侶としてのみならず、あらゆる学問の天才として尊敬された。「弘法筆を選ばず」「弘法にも筆の誤り」ということわざは、空海が書道の名人だったことによる。

真言密教の道場として開かれた。不動堂は高野山に残る建物の中でも最も古いもの。

天台宗を開いた最澄（伝教大師）

唐に渡り、「法華経」にもとづく教えを学び、805（延暦24）年、天台宗を開いた。天台宗をもとにして日本仏教の多くの教えが生まれた。密教は天台宗の一部という考え方だ。

最澄が開いた寺。ここが基盤となり天台宗が国中に広まった。

最澄は唐での修行中ほとんど密教を学ばなかった。このため、密教に詳しい空海のもとへ自分の弟子を使わしたが、弟子が裏切ったため二人は仲たがいしてしまった。

もっと知りたい日本史ファイル 顕教と密教

最澄の天台宗は、釈迦の教えを教典を通じて学ぼうとし、顕教といわれた。一方、空海の真言宗は、秘密の呪法の習得によって悟りを開こうとするもので、密教と呼ばれた。

貴族には密教の方が人気があったので、天台宗もすぐあとに密教の考えを取り入れた。

藤原氏の繁栄と摂関政治の確立

摂政・関白は天皇の代理として政治を行う役職。藤原氏は摂政・関白として絶大な権力をふるった。これを摂関政治という。

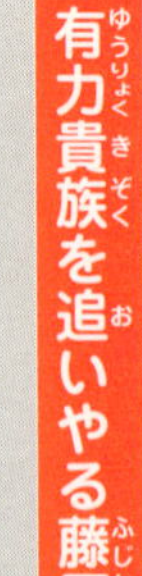

【承和の変】

842(承和9)年、皇太子の恒貞親王と伴健岑、橘逸勢らが謀反を企てているという嫌疑を掛けられ追放された。これにより藤原良房は朝廷での勢力をのばした。

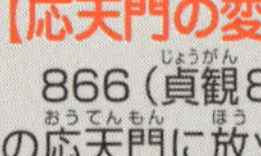

【応天門の変】

866(貞観8)年、平安宮の応天門に放火したという疑いをかけられて、藤原氏のライバルだった伴氏、紀氏一族が流罪となった。これによって藤原氏の権勢は揺るがぬものとなった。

【藤原氏の繁栄】

こうしてライバルを退け、一挙に勢力をのばした良房は、後に陽成天皇の母となる養女・高子を天皇に嫁がせ、皇族との関係を密にしてゆき、藤原氏繁栄の基礎をかためた。

藤原氏と天皇家の姻戚関係

藤原良房はライバルを蹴落とすとともに、皇族と姻戚関係を結ぶことによって力をのばした。良房の父・冬嗣は、娘や孫娘を皇族と結婚させた。以後もこの方法がとられて、藤原氏の娘と天皇の間に産まれた子が天皇となるようになっていった。

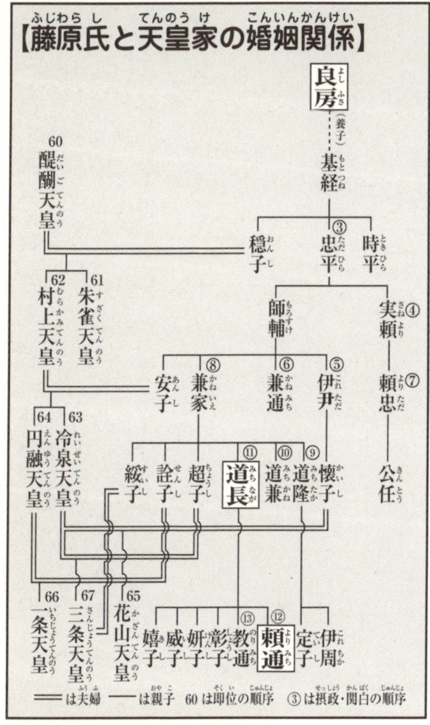

藤原氏は、天皇が幼い時には摂政として、成長後は関白として、着々と政治の実権を握るようになっていった。

栄華を極めた藤原氏

藤原道長は、満月に欠けたところがないように、この世は自分の思いのままだという和歌を歌うほどの権力を手に入れた人物だ。道長、その子・頼通のころが藤原氏の最盛期だった。

寝殿造　藤原氏をはじめ位の高い貴族は寝殿造と呼ばれる大きな屋敷に住んでいた。敷地周囲には築地塀、広い庭園には池があり、池には釣殿・泉殿という建物が建てられて、客を招いては船遊びなどを楽しんだ。

荘園の起こりと菅原道真の悲劇

9世紀

奈良時代、農民は国から口分田という農地を与えられた。これに対し私的に開拓した農地が荘園だ。税を自分の収入にできた。

荘園の起こり

701（大宝元）年、大宝律令が制定されて国家のしくみが作られた。班田収授法もその一つで、戸籍に登録された6歳以上のすべての人に口分田と呼ばれる土地が与えられ、その代わりに租という税を納め、死ぬと国に返すという法だった。自然災害で土地が荒れたり、人口増加によって口分田が不足するようになると、荒れ地を切り開いて農地にした場合、自分のものにしてよいことになった。この法律が墾田永世私財法と呼ばれるもので、開墾した土地の集まったものが荘園の始まりだ。力のある貴族や寺院、神社は開拓して農地を広げていった。平安時代には、農地の管理を地方の豪族に任せるようになり、豪族たちは、新たに開拓するだけでなく、国の農地までも自分たちのものとして荘園を広げようとした。朝廷は、荘園が広がると国の収入が減少するので、地方の役人である国司を使って、それまで通り税が入ってくるようにつとめたが、効果がなかった。

当時の荘園図 『東大寺荘園図』（奈良市・正倉院宝物）。東大寺は地方にも荘園や倉を持っていた。

【荘園の寄進】

有力な貴族・寺院（本家） ⇐ 貴族・寺院（領家） ⇐ 豪族（荘官） ⇐ 農民（荘民）

荘園の支配：貴族・寺院 → 豪族

（年貢）荘園の寄進：豪族 → 貴族・寺院 → 有力な貴族・寺院

荘園の持ち主は少しでも税を減らそうと、有力な貴族などに寄付するというしくみもでき、後には荘園の奪い合いが始まるなど、有力者が地位を利用して莫大な富を手に入れていった。

もっと知りたい日本史ファイル

不輸の権・不入の権

不輸の権とは土地にかかる租税を免除されること。また、不入の権とは土地へ役人を立ち入らせない権利だ。平安時代の中頃、この権利を得た藤原氏など有力貴族は、土地の寄進を受けて、どんどん勢力を拡大していった。

陰謀にはまった天神様、菅原道真

菅原道真は学者の家に生まれ、豊かな学識によって次第に出世していった。当時権勢を振るっていたのが藤原基経だった。基経は関白として力を持ち、政治を思いのままに動かした。しかし、宇多天皇の時代になると、基経を恐れずに意見を述べた菅原道真が天皇に信頼され、出世して、899(昌泰2)年、とうとう右大臣にのぼりつめた。

基経の息子の時平は道真の勢力拡大をおそれて、道真が謀反を起こそうとしているという話をでっちあげた。このことがきっかけで道真は、大宰府の副長官に突如として左遷され、903(延喜3)年、大宰府で寂しくこの世を去った。

道真の死後、都では病死者が続出し、宮殿に雷が落ちるなど天災も続いた。このため朝廷は道真のたたりをしずめようとして天神様として祭った。

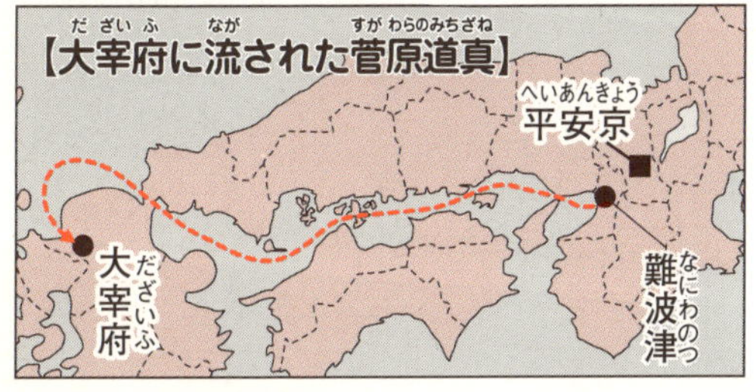

遣唐使の廃止

- 630年
  舒明天皇により第一回の遣唐使が派遣される
- 894(寛平6)年
  菅原道真、遣唐使に任命されるが、廃止を進言…遣唐使廃止へ
- 907(延喜7)年
  遣唐使廃止から間もなく唐は滅び、戦国時代さながら王朝の入れ替わりが激しい時代に中国は突入
- 935(承平5)年
  朝鮮半島では新羅が滅び高麗が支配するようになる

菅原道真は「財政に余裕がない」「唐から学ぶことは少ない」ことを理由に中止を進言。奈良時代から続く遣唐使派遣の中止が決まった。

平安時代

国風文化の発展

10世紀

貴族の世となった平安時代。その中ごろになると仮名文字・大和絵に代表される日本独自の文化が花ひらいた。

和歌は貴族の教養

この時代、藤原氏を中心とする貴族の社会では、文字の読み書きはもちろんのこと、「中国の古典や仏教の知識を持っている」、「和歌をたしなむ」、「楽器をかなでる」など、いろいろな教養が必要だった。

『古今和歌集』

『古今和歌集』は、905（延喜5）年、初めて天皇の命によって作られた勅撰和歌集。『土佐日記』の作者でもある和歌の名手、紀貫之らがまとめた。

貴族の遊び

貝の美しさや珍しさを競ったり、貝の名前や形を歌によむ貝合わせのように、絵合わせ、歌合わせ、香合わせ、鶏合わせ（闘鶏）などの物合わせや、双六、蹴鞠、独楽など優美な遊びが多かった。

平等院 鳳凰堂（宇治市）

藤原氏の最盛期に建てられた平等院鳳凰堂は、美しく優雅で、ユネスコの世界文化遺産にもなっている。もともと藤原道長が別荘として建てた平等院を、子の頼通が寺院とした。

女性の文学が栄えた平安時代

有力貴族にとって娘を高位の人と結婚させることは更なる出世につながる大切なことだった。そのためには娘に教養を身につけさせる必要があるが、そこで活躍したのが女房と呼ばれた、皇室や有力貴族の家に仕える女性たち。紫式部も清少納言もそうした女房だった。

清少納言『枕草子』

『枕草子』は清少納言が書いた随筆。宮中での体験をもとに日常目にするものや一日の感想などがまとめられた日本最初のエッセイ。清少納言は966（康保3）年ごろ生まれ、宮中で中宮定子に仕えた。

紫式部『源氏物語』

紫式部の書いた『源氏物語』は、華やかな貴族の生活を描いた登場人物400人以上の大作。光源氏とその子・薫をとりまく恋愛物語。紫式部は978（天元元）年ごろ生まれ、宮中で中宮彰子に仕えていた。

仮名文字の誕生

和歌は日本独特の表現方法だ。この表現に漢字をくずしてやわらかくした文字が使われ始めたのは平安時代中期。漢字を本字と呼ぶのに対して、仮名と呼ばれ、優雅なくずし文字が競われるようになり、ひらがなの誕生につながった。またカタカナは漢字の一部をとって作られたもの。もともと僧たちが仏教の経典を読んだり、漢詩を読んだりするときの読み方を示すために作られたのがカタカナのはじまりだ。

安→安→あ→あ
以→以→い→い
宇→宇→宇→う→う

伊→イ
宇→ウ
江→エ

ひらがなは漢字から作られたのね。

武士の台頭

10世紀

優雅な貴族に対し武芸に秀でた武士と呼ばれる人々が台頭し、朝廷に反乱を起こした平将門のような人物も現れた。

武士による初めての反乱、平将門の乱

桓武天皇を五代前の先祖に持つといわれる平将門は、祖父の代に上総の国（現在の千葉県）の国司となり、将門の代には下総の国（千葉県・茨城県）を中心に勢力をふるう豪族となっていた。

935（承平5）年、将門は父親の残した所領をめぐっておじの平国香や源護との激しい戦いを繰り広げた。939（天慶2）年、常陸の国府を襲撃して破ったのをきっかけに、朝廷に対して公然と反旗をひるがえすようになった。

【平将門軍の進路】

平貞盛
藤原秀郷
下野国府
上野国府
平国香
常陸国府
源経基
武蔵国府
下総国府
上総国府
相模国府
平良兼
伊豆国府
安房国府

- 将門の本拠地
- 将門の進路（数字は進んだ順序を示す）
- 討滅軍の進路

将門の軍は、常陸（茨城県）から下野（栃木県）さらには上野（群馬県）にまで進軍していった。

【平将門一族の略系図】

桓武天皇……高望王（平姓）
- 良文―忠頼―忠常
- 良将―将門
- 良兼
- 国香
  - 繁盛
  - 貞盛……正盛（伊勢平氏）

もっと知りたい日本史ファイル

武士の起こり

地方の豪族は私有地を広げるにつれ、土地を守るために武器を持つようになったともいわれる。もともと武芸を職業とした人々が、腕を見込まれて土地を守るために朝廷や貴族にやとわれた。

海賊を集結させた、藤原純友の乱

東で平将門が暴れていたころ、西の瀬戸内海で海賊の頭となって暴れていたのが藤原純友だ。もとは伊予（愛媛県）の国司だった純友は、海賊を集結させ、朝廷に納める税を運ぶ船をおそうなどして乱暴をはたらき、一時西国は純友が、東国は将門が支配するほど力を見せつけた。

→藤原純友の活動の方向

こうした海賊たちの一部は、やがて組織化され水軍となり、朝廷のために働いた。

朝廷も武力に頼る

ちょうどこのころ、沿海地方の女真族（刀伊）が50隻の船団を組んで対馬・壱岐をおそい、進入してくるという事件があった。この事件は朝廷の無力さとともに武士の力を証明するものとなり、藤原氏も武士の力を借りて朝廷の警備に当たらせるようになった。ここから勢力をのばしたのが主に源氏の武士だ。

【女真族の進路】

女真族とは、中国東北部から沿海州方面に住んでいたツングース族の一派。1115（永久3）年には中国に金を建国して、宋王朝に対抗する力となった。

平安時代

新しい政治、院政の始まりと僧兵

11世紀

栄華を極めた藤原氏も天皇との血のつながりの薄くなった11世紀中頃、衰えを見せ、白河天皇による新政治が始まった。

天皇の父による院政

平安時代初期までの天皇は生きているうちに位を退くということは少なかった。しかし、摂関政治が始まり幼い天皇が位につくようになると、前の天皇が元気なうちに位を退くことが増えるようになり上皇と呼ばれた。上皇とは太上天皇がつまったもので位を退いた天皇のこと。上皇は天皇の位を退くと出家することが多く、僧となり、法皇と呼ばれた。この上皇や法皇がふたたび政治をみるのが院政だ。摂関政治が天皇の母方の祖父が政治をみたのに対し、院政は天皇の父や父方の祖父が政治をみるというものだった。

白河天皇は自分の子どもに天皇の位を譲りたかったので、院政という方法を使い、法皇となってこれを実現した。

もっと知りたい日本史ファイル

法皇を苦しめた僧兵

寺院どうしの争いなどで暴れる武装した僧（僧兵）は白河法皇にとって悩みのタネだった。法皇が「世の中に思い通りにならないことが三つある。鴨川の流れと、双六のさいころの目と、あの山法師（僧兵）だ」と言ったと伝えられるほど僧兵の素行には手を焼いた。

院政の始まりと摂関政治の衰退

1068（治暦4）年、摂関家である藤原氏を外祖父としない後三条天皇が即位し、日頃、摂関政治に不満をつのらせていた中・下級貴族の支持を得て、天皇親政を復活させた。後三条天皇は「延久の荘園整理令」を発し、天皇家の私領を増やし藤原氏に対抗した。

後三条天皇亡き後、即位した白河天皇は若くして自分の子に天皇の位を譲位し、自分は上皇として政治を行った。天皇よりも政治的制約の少ない立場にあったため、摂関家の権力を圧倒し、国政の主導権を握った。白河上皇の院政はそのあと43年続き、藤原氏はますます勢力が衰えていくこととなった。

北面の武士

院政はその後、鎌倉時代に至るまで、力を発揮した。上皇の御所を院というが、院では武士が警備にあたっていた。院の北側に武士の詰所があったので北面の武士と呼ばれ、その後も武士団と院とは結びつきを深め、次第に武士の力が大きくなっていった。

北面の武士 『春日権現験記絵巻』より。白河上皇が春日大社へ行幸の折、警護に従った北面の武士たち。

院政の上皇たちはみな仏教を信仰していた。歴代の上皇や天皇は、六勝寺（法勝寺、尊勝寺、最勝寺、円勝寺、成勝寺、延勝寺）と呼ばれる六つの寺を建て、仏像を造ったり熊野詣を行ったりしていた。

上皇たちの仏教信仰は寺院の勢力を増大させた。僧兵と呼ばれる大きな寺院の武装兵団は自分たちの要求を通すために、都に出てデモを行うこともあった。

武士勢力の増大、東の源氏、西の平氏

11世紀

平安時代中期、関東では争いが続いた。平氏一族の争いに疲れていた農民は、新しい大将、源頼信、頼義を喜んで迎えた。

東北地方の動き

都から遠方の東北地方もそのころは朝廷の支配に服し、俘囚と呼ばれて貢ぎ物を差し出すようになっていた。俘囚の長の中でも力のあったのが安倍氏で、陸奥六郡（今の岩手県）を支配していた。しかし安倍頼時のころになると、さらに力をつけて勢力範囲を南にのばし、国司の命令にも従わなくなり貢ぎ物もとどこおるようになっていった。

前九年の役（1051〜1062年）

東北の安倍頼時の動きに対して、朝廷は征伐を考えた。この任務に当たったのが源氏だ。そのころ、都から遠く離れ、実力だけがものをいう地方で根を張っていた源氏は、あらえびす、と呼ばれるほどになっていた。朝廷は関東で信望の厚かった源頼信の子、頼義を陸奥の国守に任命、鎮守府将軍という位も与えて安倍氏の征伐に向かわせた。これが1051（永承6）年に始まった前九年の役の始まりだ。

しかし、寒さや食糧不足で源頼義は苦労し、出羽（今の山形・秋田県）の清原氏の援軍によってやっと勝つことができた。

前九年の役 『前九年合戦絵巻』安倍頼時の子、貞任・宗任が陣を張っている。

後三年の役（1083〜1087年）

その後、頼義を助けた清原家は東北地方のほとんどを手中に収めたが、一族内で内輪もめが起こった。父親の違う藤原清衡と清原家衡の兄弟が争いの中心だったが、この争いを鎮めることになったのが陸奥の国守となっていた頼義の子・義家。義家は清衡を助け苦戦しながらも勝利をおさめた。これが後三年の役だ。

源氏は東北征伐で手柄を立て、勢力を伸ばしたんだ。

院政と組んで勢力をのばす平氏

源氏によって関東を追われた平氏は近畿地方や瀬戸内海で勢力をのばした。特に院政の上皇と結びついて力をつけたのが平清盛の祖父にあたる正盛だ。正盛の子・忠盛は瀬戸内海に出没した海賊をとらえて瀬戸内海を支配下に置いたが、これは当時の中国、宋との貿易を行うためだった。

平氏は、日宋貿易で大きな利益を上げ、経済的基盤とした。

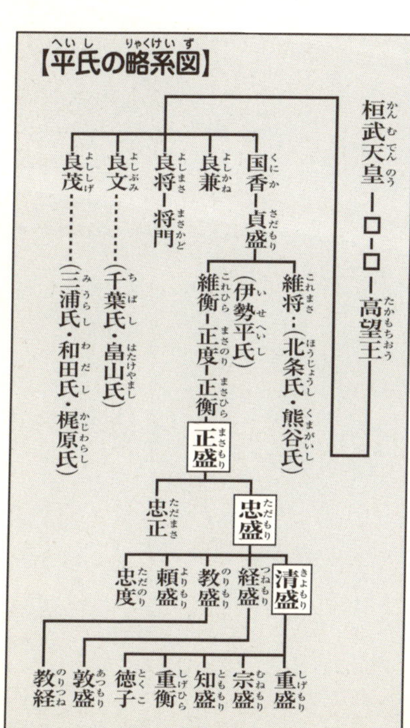

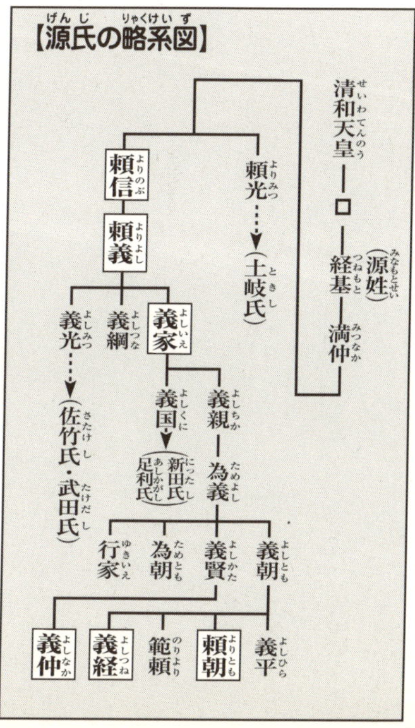

院政の実権争いから武士の時代へ

12世紀

遷都からおよそ350年たって、はじめて戦乱の場となった京都。天皇と上皇との戦いの火ぶたが切っておとされた。

保元の乱（1156年）

崇徳上皇と後白河天皇の争いが保元の乱といわれる。摂関政治では摂政も関白も天皇がいてはじめて力を発揮できるので、実際には対立していたとしても、一応天皇を立てていた。しかし院政の場合は話が違う。上皇自身が力を持っているので、真っ向から天皇と対立してしまう。また警備に武士が当たっていたように武力による解決が身近になっていたこともあって、本格的な争いに発展してしまったのが保元の乱だ。結局、崇徳上皇側は敗れ、上皇は讃岐に流された。この乱がきっかけとなって武士が政治に進出するようになった。

【保元の乱　敵・味方表】

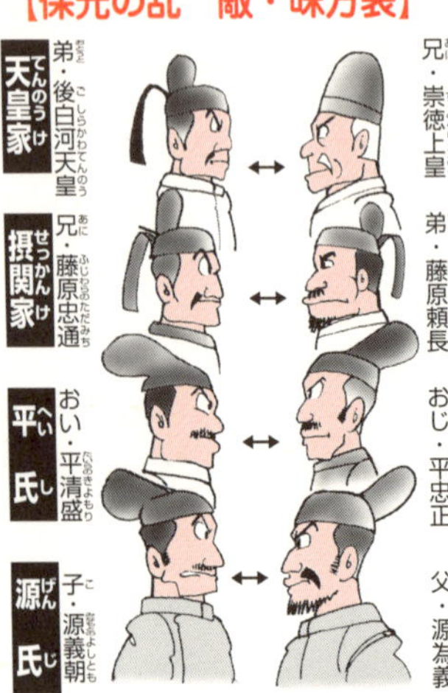

崇徳上皇と後白河天皇は兄弟だが、もとは二人の父親の鳥羽法皇と崇徳上皇の対立。同じ時期に摂関家でも対立が起こっており、皇室、摂関家、源平の４者がそれぞれ敵味方に分かれて争うことになった。

【皇室略系図】

白河—堀河—鳥羽
鳥羽—崇徳—重仁親王
鳥羽—後白河—二条—六条
後白河—以仁王
後白河—高倉
鳥羽—近衛

【源氏略系図】

為義—義朝—義平
義朝—頼朝
義朝—範頼
義朝—義経
為義—義賢—義仲
為義—為朝
為義—行家

【藤原氏略系図】

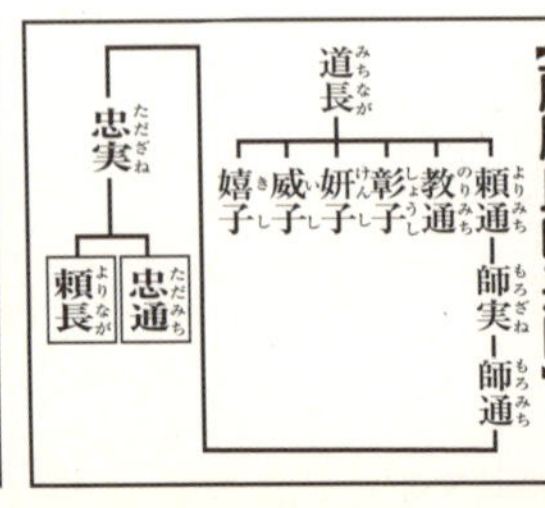

【平氏略系図】

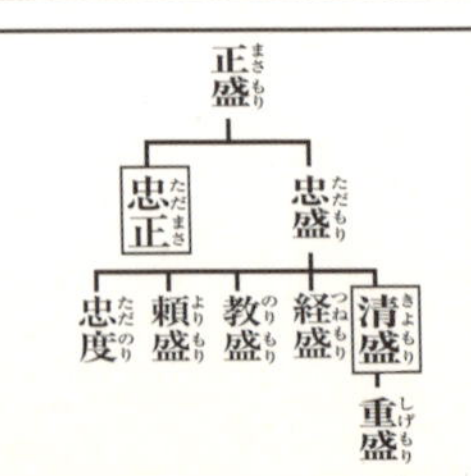

平治の乱（1159年）

保元の乱後、後白河法皇の信任を得て実権をにぎったのは、下級貴族の出身で学者としても有名な藤原通憲（信西）だった。通憲は平清盛と協力して権勢をふるった。これに対抗したのが藤原信頼と源義朝で、このグループの対立として平治の乱が起こった。信頼らは通憲の殺害に成功したが、清盛の軍勢に敗北した。この戦いに勝利した平清盛が上級貴族の仲間入りをして、朝廷で大きな力を持つようになった。

『平治物語絵巻』二条天皇の警護につく平氏の武士たちを表している。

清盛が熊野詣に行って京を留守にした間に、源義朝が藤原信頼にさそわれて兵を挙げた。信頼は斬られ、義朝は東国に逃げる途中、尾張で殺された。

平氏一族が高位高官をほしいままにし、政治を動かした。

もっと知りたい 日本史ファイル

武士は弓と馬で戦った

武士の戦争というと、刀をイメージするが、当時はなんといっても弓と馬が主役。馬に乗り、弓を引いて戦った。弓矢の家と言えば代々武門の家のことで、源為朝は弓の名手としても有名。

平安時代

平氏の繁栄

12世紀

保元・平治の乱後、平清盛は国政の最高の官職、太政大臣となった。一族の出世もめざましく、飛ぶ鳥をも落とす勢いだった。

平清盛も何度も訪れ、1164(長寛2)年には日本一豪華なお経といわれる平家納経を奉納して、平氏一門の繁栄を願った厳島神社。平氏一門の氏神となった。

平氏にあらざれば人にあらず

保元・平治の乱を通じて勢力を拡大してきた平氏は、天皇家と血縁関係を持つことよってさらに繁栄していった。

高位の公卿になった平時忠が「平氏でなければ人ではない」と言ったといわれているが、それほど平氏の力は大きかった。『平家物語』によれば三位以上の公卿に16人、四位、五位の殿上人30人余り、諸国の役人、国司や各官庁の上級役人60人余り。当時の日本の66国のうち、平氏が自由に国司を任命できる国が30か国以上もあり、さらには全国に500か所以上もの平氏の荘園があった。京都東部の六波羅には豪華な平氏一族の屋敷がつらなっていた。

平清盛は天皇家や摂関家と親戚になって繁栄したのね。

【平清盛像】

平清盛は、元々貴族の警備役だった武家出身だったが、のちに貴族の最高位、太政大臣になった人物。政治のやり方は今まで貴族が行っていたやり方を受け継いでいた。

日宋貿易による平氏の繁栄

平清盛は上皇や摂関家と親しい関係を持つことで安泰をはかり、荘園からの収入も多かったが、中国の宋との貿易も大きな経済的基盤となった。大宰府を支配して貿易の発展をはかり、今の神戸港のもととなった大輪田泊を造り直すなど、貿易の利益を独占しようとした。

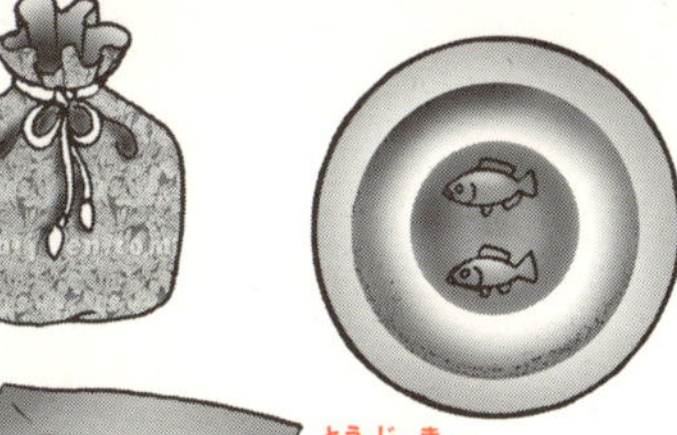

陶磁器　この時代の日宋貿易では、宋から大量の陶磁器が輸入された。

宋銭　平氏は宋から宋銭を持ち込み、当時の国内に流通させた。

【12世紀後半の日宋交通】

金　燕州　汴京　宋　揚州　臨安　景徳鎮　南宋　福州　明州(寧波)
高麗　開城　慶州　済州島　対馬
日本　京都　大輪田泊　博多　大宰府　坊ノ津

当時の中国、朝鮮は？

979(天元2)年、宋により中国が統一されたのち、女真族の国、金が興こり、宋を南に追いやった。南に移動して再興した政権のことを南宋と呼ぶ。異民族との戦いが続き、財政が厳しかった宋は、日本、高麗など東南アジアの国々と積極的に海外貿易を行った。

一方、朝鮮半島では地方の豪族たちの反乱が相次ぎ、新羅が衰えると、変わって高麗が国を統一し、支配を続けた。

金で栄えた奥州藤原氏

平氏が都で繁栄を続けているころ、奥州(今の岩手県)平泉では藤原氏が奥州産の金を財源に力をつけ、黄金文化を花開かせていた。平泉にある中尊寺金色堂は藤原清衡が建てたものだ。

中尊寺金色堂(岩手県)

平氏滅亡への道

12世紀後期

栄華を極めた平氏に不満を持つ武士が増え、地方で兵を挙げるようになった。平氏の天下にも、かげりが見えはじめた。

以仁王の令旨、そして、源頼朝挙兵へ

平氏の政治に対して、貴族や寺社勢力は不平をつのらせていった。それを見た後白河法皇の皇子・以仁王は、全国の武士に平氏追討を呼びかけた。

平治の乱で破れて以来、伊豆で流人となっていた源頼朝は、以仁王の令旨（命令）に応じて父・義朝のかたき、平氏追討に立ち上がった。頼朝は妻・政子の実家である北条家や周辺の武家を味方につけた。奥州藤原氏のもとへ落ちのびていた弟・源義経も加わった。

おごる平氏は久しからず

源氏の戦略に悩まされていた平清盛は、1181（養和元）年、原因不明の熱病にかかって64歳でその生涯を閉じた。

平氏の都落ち 『春日権現験記絵巻』より。大黒柱の平清盛を失った平氏一族は逃げるように都から落ちのびていった。

平氏を都落ちさせた木曽義仲

源頼朝のいとこ・木曽義仲は、平氏討伐の兵をあげ、越後（新潟県）の豪族を破って北陸に進出。平氏の大軍を山深くさそいこみ、角にたいまつをつけた牛をはなって谷底に落とすという戦略で勝利をとげた。これが義仲の名を一躍有名にした倶利伽羅峠の合戦だ。

このの ち、京都へ逃げ帰った平氏軍を追い、比叡山の僧や後白河法皇と手を組んだ義仲は、京都へ進出、平氏一門は西国へと都落ちした。京都での義仲は略奪、放火と好き放題をしたために、都の人々の信頼を失い、最後は後白河法皇の命令を受けた頼朝の弟・範頼と義経の軍と戦って破れ、京都に近い粟津で31歳の若さで討ち死にした。

戦いの神・義経、一ノ谷の合戦

木曽義仲によって京都を追われた平氏は福原の都で京都を奪い返す機会をねらっていたが、同じころ、後白河法皇は鎌倉の頼朝に平氏追討の命令を出した。頼朝はこれに従って京都にいた弟の範頼、義経に平氏討伐を命じた。

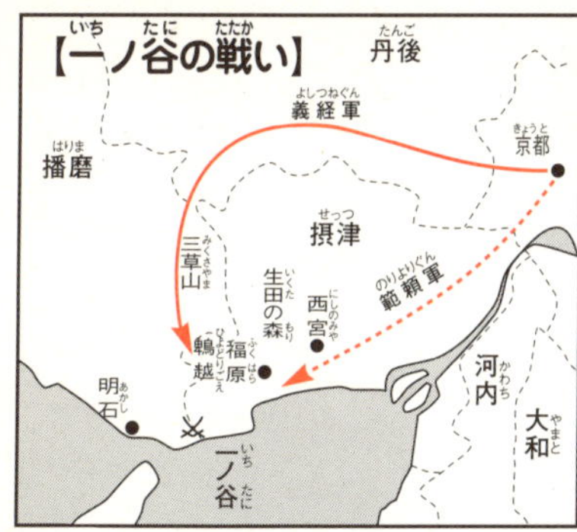

一ノ谷へと逃げた平氏は、崖と海に挟まれた海岸に船団を組んでいた。崖の上にきた義経は難なく降りていく鹿を見て、鹿に通れて馬に通れないわけはないと、険しい崖っぷちを馬で駆け下りた。これが有名な、鵯越の逆落としだ。不意をつかれた平氏は多くが死に、生き残ったものは讃岐（香川県）の屋島に逃げた。

壇之浦に沈んだ平氏一門

1185（元暦2）年2月、讃岐（香川県）の屋島に立てこもった平氏を追って攻撃するよう命じられた義経は、後ろから攻めるという奇襲攻撃を仕掛けた。船での戦いに強いといわれていた平氏は、義経の活躍により惨敗し西へ逃げた。

この戦いから約1か月後、関門海峡の壇之浦にて再び戦った両軍だったが、平氏側の阿波水軍が裏切り、ついに平氏一門は最後を迎えることになった。

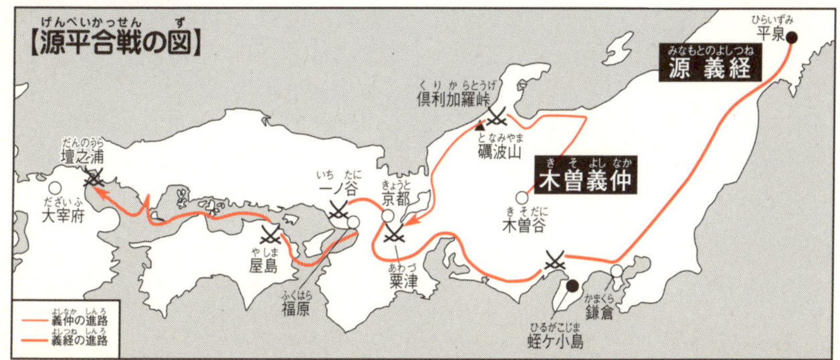

課外レポート

貴族はこんな生活をしていた

平安時代の貴族は贅沢な暮らしをしていたといわれる。どんな生活を営んでいたのだろう。

●遊ぶことも大事な仕事だった

平安の貴族たちは蹴鞠をしたり、独楽や雛遊びをするなど、優雅な遊びを楽しんでいた。遊びを通じて、貴族同士は交流を図っていた。

●音楽も大切な教養だった

平安時代には大切な行事の度に器楽が演奏され、楽器が演奏できることは貴族の教養のひとつだった。

●乗り物は牛が引く牛車だった

貴族たちは牛車と呼ばれる乗り物に乗って宮廷に通っていた。外見の優雅さとは裏腹に乗り心地はあまり良くなく、車酔いも起こしかねないものだった。

●食事は意外に質素だった

貴族たちは、きのこや焼き鳥、海草など、今ではとてもごちそうとは言えないものを食べていた。強飯という蒸した米が主食で、栗やみかんなどのデザートやお菓子もついていた。

名探偵
コナン
DETECTIVE CONAN
推理ファイル
part 2
「吾妻鏡の秘密」

おっちゃんの大先輩の娘さんで、鎌倉で歴史の先生をしている北城さんから依頼があった――

称名寺

北城ユリ(28) 教師

今も昏睡状態で……

主治医は持病が悪化したと言ってるそうですが、まさか誰かに殺されかけたとでも?

はい!!

……

金沢文庫

ここは、鎌倉時代からのさまざまな書籍や手紙などを集めた場所です。

わーっ！

(『吾妻鏡』は、内閣文庫所蔵)

正確には、平安時代末期には武士である平氏が政治を行ったけど、その平氏に代わって実権を握ったのが源氏なの。

最初は平氏が勝ったんだけど、平氏によって伊豆に流された源頼朝が、関東で力を蓄えて再び平氏に挑戦して、その地位を奪ったのよ。

琵琶法師が各地に語りついで広めた『平家物語』に、平氏の栄華と没落が描かれてるわ、戦いの中で苦悩する人々の姿もね。

戦いの中で苦悩するか……

では、北城さんが書き残した『吾妻鏡』という言葉の謎を解かなくてはならないですね。

ええ、鎌倉幕府を開いた源氏がたどった運命と、私の家族が今たどろうとしている運命があまりにも似ているので……

源氏の運命に似ているだと!?

いったいどういうことだ!!

鶴岡八幡宮

この神社は、源頼朝の先祖の頼義が奥州を平定して鎌倉に帰った時に、源氏の氏神を祭る神社として由比ヶ浜あたりに造ったの。

それを頼朝がここへ移したの。

へーっ!!

頼朝は1180年に鎌倉に入り、この鶴岡八幡宮を鎌倉の中心にすえて、都市・鎌倉の街づくりを進めたんです。

なるほど。
京都では、平氏が我がもの顔で勝手な政治をやっていたから、地方の武士たちは不満がたまっていたんでしょ?
そのとおりよ!関東武士の武力は強力になってたし、頼朝と一緒になれば平氏をやっつけて領地を増やし、豊かになれると思ったのかも。

でも、それまでは関東の武士たちをまとめる者がいなかったの。そこに、平氏に対峙する源氏の血筋の頼朝が来たから、武士たちは一つにまとまることができたのかもしれないわ!
うーん、北城さんの経歴に似てますな。

父は警視庁の幹部でしたが、庁内の勢力争いに敗れ、母の父がやっていた小さな警備会社に転職しました。元の仕事柄、さまざまな所に顔が利くし、信用もあり、銀行や大企業などのお得意様がどんどん増えていったんです。
そういえば、北城さんは「日本が国際化すれば、警察だけでは対応できない社会が来る」と、いつも言ってました。
事実、そのとおりになりましたな。今では警察をしのぐ勢いだ!
北城警備会社っていえば、関東一の警備会社だもんね。
それって、昔の武士みたいだね!

おお、知ってますぞ！
源義経は幼い頃、
牛若丸と
呼ばれた男！

ええ、7歳で
京都の鞍馬寺で、
天狗のもとで修行
したという人です。

力自慢の弁慶と
戦って、家来に
しちまったんだ
からな！

へーっ、すごいな！

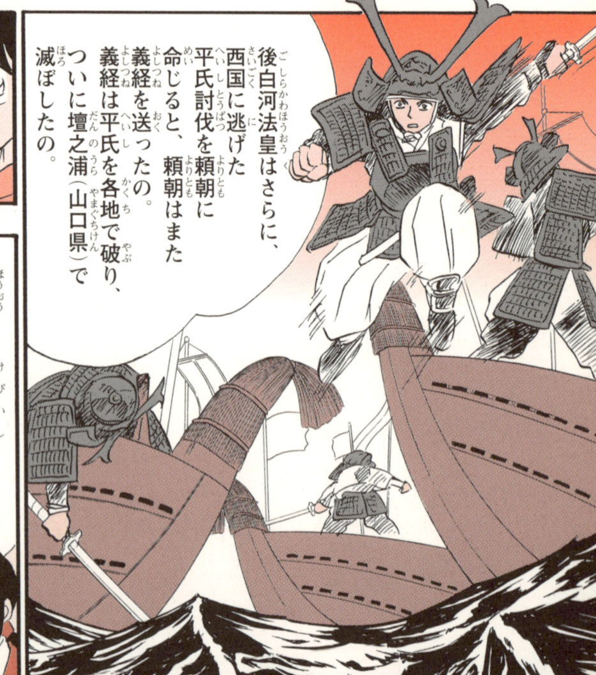

それじゃ義経は出世したでしょうね！

法皇から検非違使左衛門少尉といって、今でいうと警視庁の幹部と裁判官みたいな重要なポストに任命されたわ。

そりゃすごい！

けど、それが兄である頼朝の反感を買ったの。自分の許可もなく、なんで勝手に検非違使になったんだと責められたのよ。
それが元で、兄の頼朝は義経が自分を倒して武士の棟梁になるんじゃないかと思って、ついには義経を殺すように部下に命令したの。
まあ、実の弟を……

義経は、昔世話になった陸奥の藤原秀衡を頼って逃げ延びたけど、秀衡が死ぬと義経を殺せという頼朝の圧力をはね返すことができなくなった藤原氏は、義経を殺してしまうの。
でも結局、藤原氏も義経をかくまった罪で、頼朝に滅ぼされるのよ。

ひでえことしやがるな、頼朝は…！

でも、もしかしてそれってすべて法皇が仕組んだ事なんじゃ……
どういう事？

法皇が義経を検非違使に任命したのは、義経と頼朝の仲を悪くして、戦わせようとしたんだと思うよ。

二人を戦わせて一体何の得があるんだ？
だって、後白河法皇は武士に政権を取られて、悔しかったはずだよ。
もう一度、朝廷のもとに政権を取り戻したかったはずじゃ…？

そこで法皇は考えたのさ、頼朝は関東で苦労して地盤を固めたのに、横から入ってきた義経が頼朝や関東の武士たちをさしおいて偉くなったら、面白くないはずだ。
うまくいけば、争ってどっちも滅びるんじゃないかって。
な、なるほど！
すごい推理力ね！
ぐりぐり
こいつは常日頃俺が鍛えてますから！

でも、頼朝も黙ってその術中にはまったんじゃないわ。朝廷の中で自分と義経を戦わせようとした公卿たちを解任させて、自分の味方を朝廷の役職につけさせたの。

さらに頼朝は、朝廷に、幕府が全国に守護・地頭を置くことを認めさせたの。
守護・地頭？

守護は一国の軍事警備を司る仕事で、地頭は荘園などの土地の年貢の徴収・治安の維持にあたる職の事よ。
朝廷が国の守護を任命するんじゃなくて、頼朝が任命したのなら、ますます武士たちの間で頼朝の権力は強くなっていったんだね？

ええ、家来たちは頼朝に忠誠を誓い、命をかけて戦うと誓ったの。

このように、領地を仲介して主従関係を結んだ武士たちの事を御家人と呼び、彼らが農民を支配する社会の仕組みを封建制度というの。1192年、頼朝は征夷大将軍になり、武士の棟梁になったのよ！

鎌倉幕府が成立したのね！

でも、頼朝は1199年に死んでしまうの。
そんなに若く!?

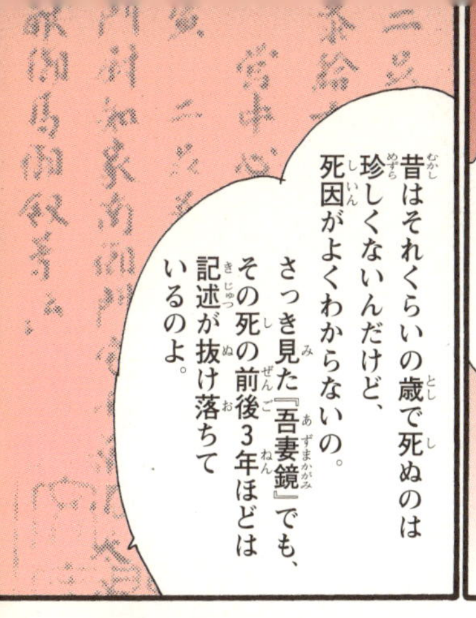
昔はそれくらいの歳で死ぬのは珍しくないんだけど、死因がよくわからないの。
さっき見た『吾妻鏡』でも、その死の前後3年ほどは記述が抜け落ちているのよ。

えっ、死の前後3年が!?

そいつは不可解だな……

落馬した傷がもとで死んだとも言われてるけど、仮にも武家の棟梁そんな人が馬から落ちるかな？

ほかに当時の事を記録したものはないんですか？

公家の近衛家実が、頼朝が糖尿病だという事を書いてるわ。糖尿病は足先や手先がしびれるから、重病ならもしかして……
うーん、それなら馬なんか乗らないだろ。

『新古今和歌集』の歌を選んだ歌人、藤原定家が日記『明月記』に書いているけど、死因は急病だろうとだけしか書いてないわ。

では、頼朝の死を望んでいたのは誰ですかな?

その時の朝廷の権力は、後白河法皇から後鳥羽上皇に移っていたけど、彼も武士に奪われた実権を奪い返そうとしていたの。

なるほど、有力な容疑者だな。

それにね、頼朝が死ぬ前に変な事件が起きているの!

変な?

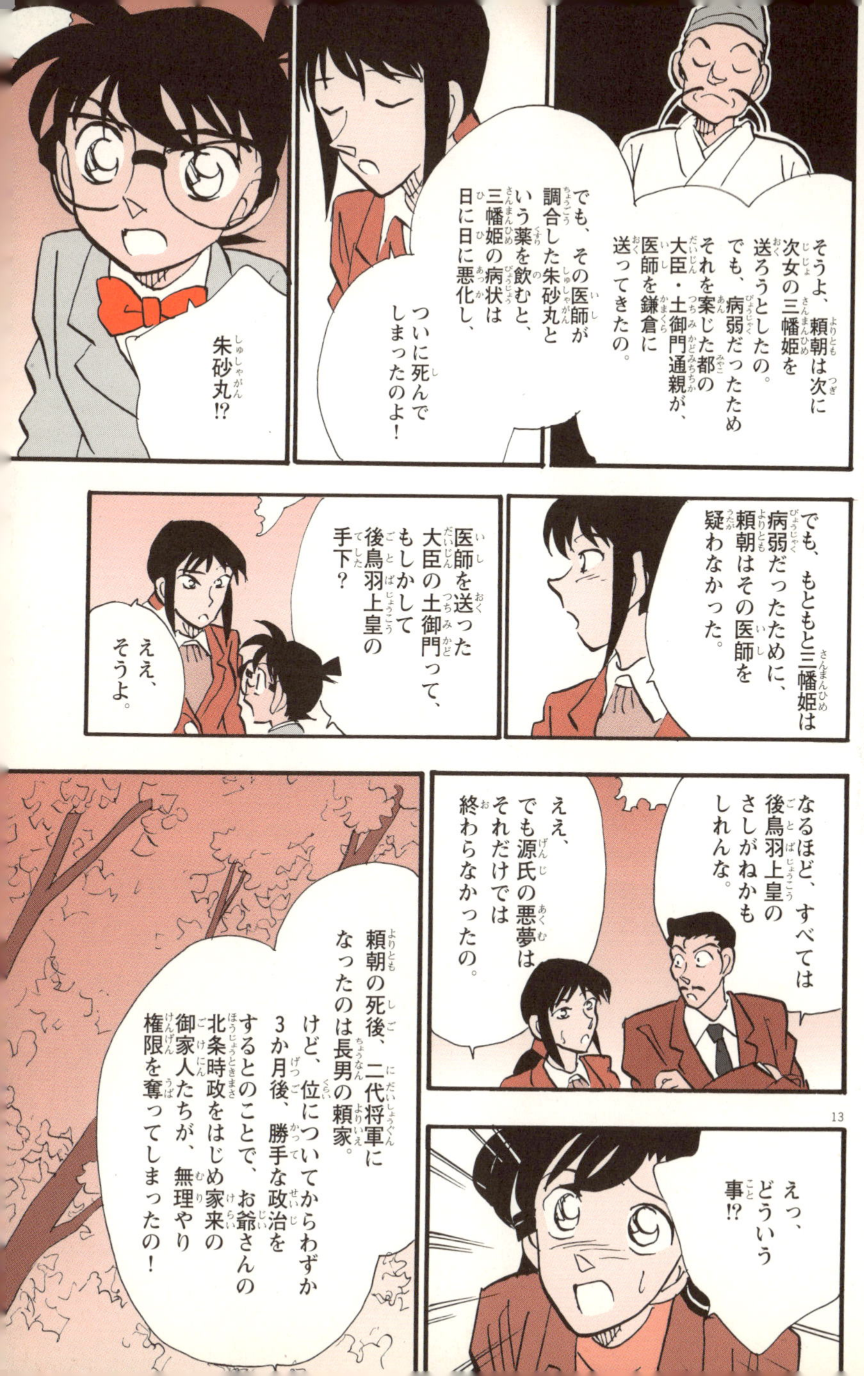

そうよ、頼朝は次に次女の三幡姫を送ろうとしたの。
でも、病弱だったため
それを案じた都の大臣・土御門通親が、医師を鎌倉に送ってきたの。

でも、その医師が調合した朱砂丸という薬を飲むと、三幡姫の病状は日に日に悪化し、

ついに死んでしまったのよ！

朱砂丸!?

修善寺

それればかりか、
お爺さんの時政は
頼家の復活を恐れ、
伊豆の修善寺に
頼家を閉じ込めて
殺してしまったの。

えっ、
実の孫を
殺したの？

でも、実朝も気に
入らなくなったのか、
時政はまた
別の人を将軍に
しようとしたの。
けど、娘の政子と
息子の義時が
猛反対して、
失脚するわ。

当たり前だ、
そんなジジイ
とっととお払い箱に
すればいいんだ！

母親の政子のおかげで将軍を続けていた実朝も、頼家の息子の公暁に……

この鶴岡八幡宮の石段横にあるあの大銀杏の下で、斬り殺されたのよ！

えっ!!

実朝を殺そうとしていた、あのお爺さんの時政が、死ぬ前にウソを公暁に吹き込んでいたのか――

さあ、それは分からないわ。でもその後、お爺さんの時政の家系の北条氏がずっと執権になって、幕府の実権を握っていったの。

きっと犯人は、その北条氏の中にいるに違いない!!

でも、後鳥羽上皇も怪しいよ。京都から鎌倉幕府に実権を奪われたのを、再び取り戻そうとしていたんでしょ?

確かに大姫や三幡姫の死は上皇が怪しい。

後鳥羽上皇は、自分には力があると思って、全国の武士たちに北条氏討伐命令を出したんだけど無駄に終わったわ。武士たちは、結束して上皇の軍と戦って勝ったの。後鳥羽上皇は隠岐(島根県)に流され、1239年にそこで死ぬ事となるのよ。

武士どうしの結束は案外固かったんだな!

けど、頼朝の子どもも全員死んでしまったんだね。

何か切ない話だな。

……
ど、どうしたのユリさん！

じつは、父が引退して会社は兄が継いだのですが、実権は母の父で会長の祖父が握っていて、兄をクビにして弟を社長にしたんです。

私が思うに、兄は父の言う事は聞きますが、祖父の言う事は聞きません。でも弟は、祖父の言う事をよく聞くので……

都警備会社の雅社長です。警察時代から父のライバルでしたが、常に父が上をいっていたのでねたんでいたようです。

都警備会社は、お父上の会社とのシェア争いに負け、倒産しましたね！

ですから、相当恨んでいたはずです。

お父上に持病があれば、教えてください。

糖尿病を患っていたのです。足先や手先がしびれる麻痺症状があったのですが、最近は痙攣までするようになって……

父は毎日決まった時間に、一人地下室の書斎にこもってこの日記を書いていたのですが、そこで倒れていたのです。

地下室か……
日記を誰にも覗かれないように気をつけていたのだと思うんですけど……
なるほど。

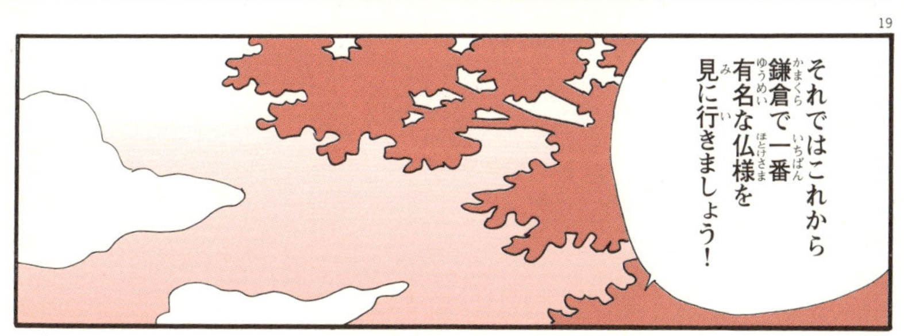
それではこれから鎌倉で一番有名な仏様を見に行きましょう!

高徳院

わ――――っ!!

でかいなーっ!!
高さ約11メートル、重さ124トンの、阿弥陀如来像です。
青銅で作られているけど、当時のお金、宋銭を鋳潰して作ったかもしれないの。
大仏の錆びた部分を分析したら、中国産のものと分かったの。
崇寧重寶
お金を潰すなんてもったいない!!
それだけ信仰心が厚いのよ。守銭奴のお父さんには分からないわ。
でもね、この大仏が何の目的で作られたか分からないの。
えっ、こんな大きな物なのに!?

ただね、鎌倉幕府を開くために頼朝の弟の義経、そして頼朝自身、さらにその子どもたちも全員死んでしまった……
その怨念をしずめるためともいわれてるわ。
なるほど。
でも、不幸は源氏だけに降り注いだわけじゃないの。
この上まだ不幸が!?

ええ、これから鎌倉時代で一番多く合戦の犠牲者をとむらったお寺にお参りしましょう。

円覚寺

鎌倉時代は、しばらくの間は順調に進んでいったのですが、ある日突然、世界最強のモンゴル軍が攻めて来たんです。
世界最強のモンゴル軍ですと!?

元寇ですね!

モンゴル帝国のチンギス・ハンは、騎馬軍団を各地に派遣させ、またたく間にユーラシア大陸の東西にまたがる空前の帝国を築き上げたの。国を滅ぼすこと40、人を殺すこと数百万、モンゴル帝国の噂はヨーロッパにも及び、西洋人さえ恐れたの。

ス、スゴイ！

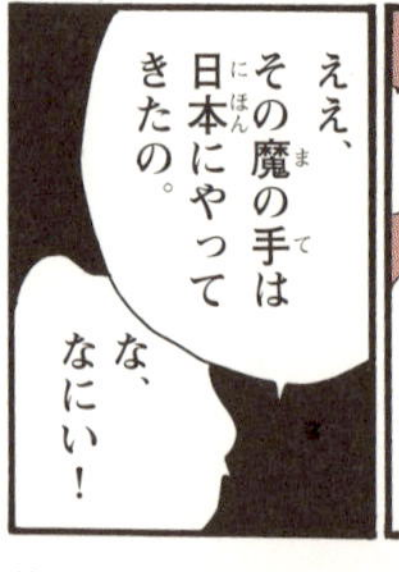

元と戦った執権の北条時宗が、無学祖元を招いて1282（弘安5）年に創建したのが、この円覚寺なの。
にっ、日本は全滅しちまったんですか？
落ち着いてよ！日本が全滅してたら僕たちはここにいないでしょ！
それもそうだ。
最初は1274（文永11）年、3万の兵が900隻の船に乗ってやって来たの。

元は対馬、壱岐を占領し、九州の博多湾に上陸したわ。
元の戦法は当時最新のもので、太鼓やどらを鳴らして相手を驚かせ、毒を塗った矢と火器を使って攻めてきたの。

クソー、やっぱ日本は負けちまったのか！
日本は必死に戦ったわ。そのために、元軍は日没とともに船に引き返し、その夜に突然起きた暴風雨で全滅したの。
運がよかったんだな！

でもね、今度は7年後の1281年に14万もの兵が4400隻の船でやってきたの。
兵の数が4倍以上になってるじゃないか!!

けど、博多湾の岸には岩で防備を築いていて、準備万全だったの。それに、武士たちは前より必死に戦ったわ。夜の闇に紛れて敵船に乗りつけ、斬りまわったり船に火をつけたりして。

やるな、日本の武士たちは！

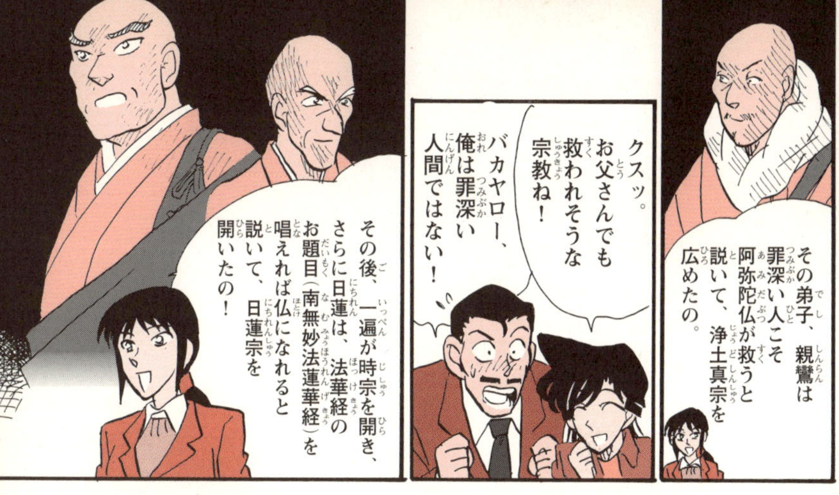

ええ、禅宗はひたすら座禅をする事で悟りを得ようとする教えです。宋に渡った栄西が禅宗のうちの臨済宗を、道元が別の禅の教えを伝えて曹洞宗を開きました。

俺にはとても無理だ……

あたたっ…

禅宗は北条氏の庇護もあり、鎌倉武士の間で広まったの！

文学としては合戦の様子を力強く描いた『保元物語』や『平家物語』が武士の繁栄と貴族の衰退をよく表しているわ！

文学まで武士中心になってるんだ！

でもね、鎌倉幕府は元の軍隊を撃退したけど、そのために滅亡の道をたどる事になるの。

勝ったのに滅亡するなんて、まさか！

鎌倉幕府が武士たちを治められたのはどうしてか、思い出して！

確か、武士たちは国や荘園を与えられ、見返りに鎌倉幕府に忠誠を尽くしてたんだよね？

そうよ！

商人から借りたお金をなしにして、取られた土地を取り戻してあげたの。
それはいい!! 今の時代にも徳政令を出して、借金をチャラにしてほしいぜ！
でも、そのおかげで経済が混乱し、商人たちはお金を貸さなくなったの。
そりゃまずい！

鎌倉幕府の末期には、幕府の要職や守護をほとんど北条氏の一族が独占していたから、御家人たちの不満も高まっていたの。
鎌倉幕府
やがて、後醍醐天皇が倒幕運動を展開すると、今度は鎌倉幕府はあっさり崩壊したわ！

……
プルルル
ハイ、もしもし。
えっ、そんな！

鎌倉中央病院

一体どうしたのお母さん!!

輝家が急に呼吸困難を起こして、痙攣して倒れたの！

北城正枝（母）

毒物を飲まされたおそれもあるって！今、お医者さんが必死に胃を洗浄してるわ！

ユリさんのお父さんが倒れた時と同じ症状だな……

私は毛利小五郎と申します。
ユリが捜査をお願いしてる探偵さんですね？
息子さんも大変でしょうが、旦那さんのご容態は？
はい、まだ昏睡状態でして……
お父さんをはじめ、お兄さんまでが……
これはお父さんが書いていたという日記を見るしかないな。

おじさん、看護師さんが呼んでますよ。
ん、何だ？
有名な私のサインでもほしい……
プーシュ

ゴッゴッ
確かポケットに……
これだ!
カチャッ
くいっ
確かに、ここ一週間の日記が空白になってる……
3月10日
今日はユリと散歩ができた。
3月11日
今日は一日中気分が悪いし、体もだるい。
3月12日
昨日より最悪の気分だ。
早いうちに決着をつけなければ……
はっ!

もしかしてこれは
消されたんじゃ
ないかも!!

スッ

スススッ

やはり!!

これで
文字を反転
させれば……

パッ

506
北城輝家

コナン君、どこに行ってたの？
お父さんもいないのよ。

おじさんがね、犯人が分かったから来てくれって！

えっ!?

北城輝家（兄）

お、俺にも教えてくれよ…！

輝家、大丈夫なのっ？

俺と親父をこんな目にあわせた奴の、正体を知りたいんだ!!

……

お父さん、本当に謎が解けたの？

ナースステーション

ああ、やっぱりお父上は毒殺されそうになったんだ。

でも、父が倒れた部屋を警察の鑑識の人が調べても、毒物は発見されていません……

犯人は、じつに巧妙な方法を使ったんです。

一体どんな……

でも、朱砂丸ってなに？

今の水銀のことだよ。

それが水銀なんだ。

水銀なんて簡単に手に入るの!?

ユリさんのお父さんの症状は、痙攣・呼吸困難・視力減退・発熱など糖尿病のようだが、水銀中毒も似た症状を起こす!
私は、ユリさんから朱砂丸の話を聞いて、これは糖尿病に似せた水銀を使っての毒殺を狙ったものじゃないかと……
けど水銀って、確か水に溶けないはずよ。一体どうやって?
確かに水銀を気づかれずに口から飲ませるのは難しい。
だが、水銀は気温が20度になれば、簡単に気体となってあたりに漂いだす!
えっ たった20度で!?
ユリさん、お父上は確か地下の書斎でパソコンを使って、日記を書いていたんですよね?
ええ。

犯人はおそらく体温計を割り、中の水銀をそのパソコン内に入れたのです!
えっ!!

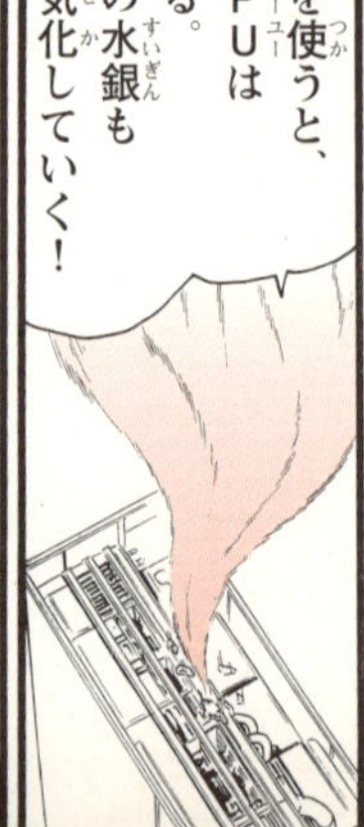
パソコンを使うと、内側のCPUは高温になる。当然、中の水銀もどんどん気化していく!

そして、パソコン内ではCPUを冷やすために中のファンが激しく回りだし、高温になったパソコン内の空気を外に出し始める!

!!
じゃ、パソコン内の高温で気化した猛毒の水銀は、部屋の中に吐き出されてたって事?使用中ずっと?

水銀を少し飲み、自分も狙われたと思わせたら周りの目を欺けると思ったんだろうが、お父上の日記に全て書かれていたよ！

な、なに!?

で、でも、あの日記には……

何も書かれてないと思えたのは、日記を誰かに読まれたり消されたりする事を阻止するために、お父上がちょっとしたトリックを使ったからさ！

3月13日

私の会社が潰れる時は、
力なき身内に社長の座を譲った時だ。
ハッキリ言うが、長男輝家には
社長の才能がない。
父親だけにそれが一番よく分かってる。

3月14日

3月14日

やっと昨日、義理の父が
社長の輝家をクビにし、弟の実輝を
社長にしたと言ってきた。
当然の事だ、遅すぎるほどだった。

だが、輝家はこのままでは
私の命を狙うかもしれない。
輝家を社長の座から引き下ろしたのが
私だと思われても仕方ないからだ。

会社は順調にいっていた!!
なのに、あの男は俺をクビにしてゴミみたいに外にほっぽり出しやがった人だからな!!
な、なんて事を!!
会社は順調どころか大変な赤字になっていたそうです。
な、なに!?

ま、まさか!
でも、これ以上ごまかす事ができなくなったので、仕方なしにお爺さんはあなたをクビにして、弟さんを社長にしたんです。
ウソだ!!

あなたは傷つきやすくてもろい人だから黙っていたの！
そ、そんな！
39
お父上は、自分が輝家さんに殺された事が分かっても、それを警察に届けず、持病の悪化として始末するようにと書いています。
えっ？
あなたはもともと優しい子で、会社などで競争するには向いてない子だったのを、自分が会社を継がせるために無理やり厳しく帝王学を学ばせて、道を誤らせてしまったと詫びてもいた。
……
お父上は小さな禅寺でも手に入れあなたをそこの住職として、草花や生き物を愛する暮らしをさせてやってくれと頼んでいます。
……
……

輝家さんが
警察に自首して
この一件は落着した。

でも、源頼朝も
武士とはいえ、もとは
京都生まれで天皇の
血筋を引く人だったから、
おとなしくて
優しい人だったかも
しれないわね。

そうだね。
それが貴族を倒して
自分たちの社会に
しようという関東武士の
野望に、利用された
だけなのかもね。

けど、権力を
握るのはいつも本当の
実力者なんだね。
いくら身内に跡を
継がせようとしても、
能力がなければ時代が
それを許さないんだ。

そうね。
ユリさんの会社も
実力のある新社長に
なって、どんどん業績を
盛り返しているらしいわ！

それに、お父さまも
意識を取り戻した
そうだし、
よかったわよね!!

うん!!

クソーッ、今日も負けた!!
誰か徳政令を出して、俺の競馬の借金をすべてチャラにしてくれ!!
あーあ、お父さんは歴史を学ぶ意義が分かってないわね。

ホント、鎌倉のお寺で座禅でもさせて修行させるしかないかな?

修行になるのかしら、それも?
それもそうだね。
トホホ

鎌倉時代

鎌倉幕府の成立

12世紀末～13世紀

平氏滅亡ののち源頼朝が鎌倉幕府を開き、武士による武家政治が始まった。頼朝は守護や地頭によって全国を支配した。

鎌倉MAP

鷲峰山
天台山
円覚寺
建長寺
巨福呂坂
北鎌倉駅
大倉幕府跡
滑川
浄智寺
鶴岡八幡宮
若宮大路幕府跡
衣張山
源氏山
鎌倉駅
お猿畠の切岸
切岸
若宮大路
高徳院（鎌倉大仏）
名越切通し
大仏坂
前浜
長谷寺（長谷観音）
相模湾

鎌倉は南が海、三方を山に囲まれた自然の要害。この地形も、また周辺に頼朝を支持する武士が多かったのも、頼朝が鎌倉を選んだ理由だ。

源義経の追放

都では、平氏を滅ぼした屋島、壇之浦の戦いの立て役者、源義経の人気がウナギのぼりだった。鎌倉にいる兄の源頼朝はこれが気に入らず、鎌倉に入ることを許さなかった。追い詰められた義経は後白河法皇の院宣（命令）をとりつけ、頼朝追討の兵を挙げたが失敗し、北へ逃れた。

奥州藤原氏の滅亡

義経は頼朝の追跡を逃れ、奥州（東北地方）の藤原秀衡を頼っていった。頼朝は秀衡に義経を差し出すよう命令したが、秀衡は義経をかくまった。秀衡が病死するとその子・泰衡にも同じ命令が届いた。泰衡はこの命令に従って、義経をおそい自害に追い込んだ。1189（文治5）年、命令に従ったにも関わらず、今まで義経をかくまったことを口実に頼朝は、平泉（岩手県）を攻め、奥州藤原氏は滅んだ。頼朝は旗揚げから10年で、日本全国をほぼ支配するようになった。

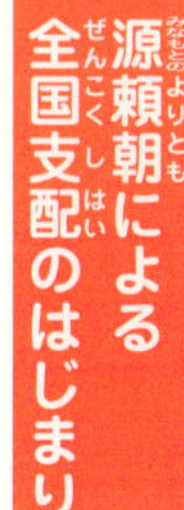

源頼朝による全国支配のはじまり

義経との対立を口実に、頼朝は守護と呼ばれる役職を全国の国ごとに、地頭という役職を荘園や公領ごとにおいた。これは幕府側の地方長官、軍司令官、警察を一つにしたような役目を持つもので、これによって全国を支配下に置いていった。ついに1192（建久3）年、征夷大将軍に任命された頼朝は鎌倉に幕府を開き、武家政権を打ち建てた。

全国を手中にした源頼朝は、後白河法皇から右近衛大将に任じられた。しかし、頼朝は満足せず、法皇の死とともに朝廷に圧力をかけて自分を征夷大将軍に任命させた。

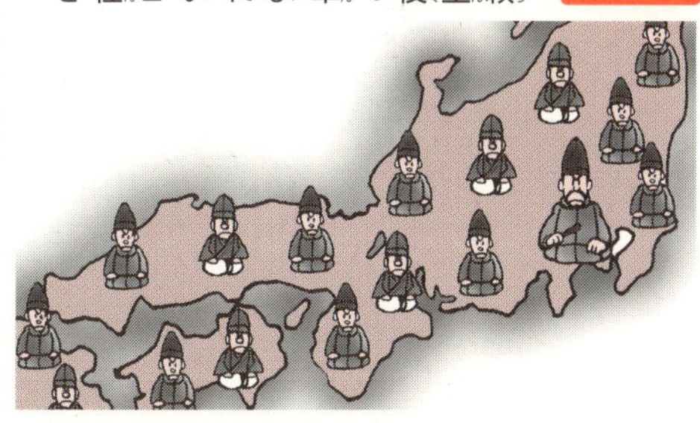

三代で滅びた源氏

頼朝の死後、18歳で長男・頼家が将軍になったが、母・北条政子の実家・北条家の権勢を憎んで反抗し、結局、伊豆の修善寺で殺された。そのあと弟・実朝が将軍職に就いたが、実権は母・政子とその弟・義時に握られた。1219（承久元）年、実朝は右大臣の官職に就く式典が終わったところを鶴岡八幡宮の境内で頼家の遺児・公暁に殺され、源氏の正当な血筋は頼朝、頼家、実朝の三代で終止符を打った。

【源氏と北条氏の略系図】

- 北条 時政①
  - 時房
  - 義時②
    - 政村⑦
    - 重時
      - 長時⑥
    - 泰時③
      - 時氏
        - 時頼⑤
          - □
            - 師時⑩
          - 時宗⑧
            - 貞時⑨
        - 経時④
  - 政子（源 頼朝❶と）
    - 頼家❷
    - 実朝❸

❶は将軍の順序
①は執権になった順序

鎌倉時代

北条氏の台頭と幕府政治の完成

13世紀

源氏が三代で滅んだあと北条氏が執権として幕府の実権を握り、京都の朝廷とぶつかりあうことになった。

承久の乱（1221年）

源氏が三代で滅んだあと、頼朝の妻・政子の実家・北条氏が、執権として幕府を動かすことになった。一方、京都で院政を行っていた後鳥羽上皇は、源実朝が死ぬと、幕府を倒して朝廷の勢力回復をはかるチャンスとばかりに、北条義時の追討の兵を挙げた。鎌倉幕府は大軍を率いてこれを破った。これを承久の乱という。この乱をきっかけに、幕府は朝廷を監視する役所、六波羅探題を京都におき、幕府の力を強めることになった。

【北条政子の木像】

源頼朝の妻であった北条政子は、頼朝の死後、出家して「尼将軍」と呼ばれた。承久の乱の際、動揺する御家人に向かい、頼朝の御恩をといて結束を訴え、幕府方の気を引き締めた。

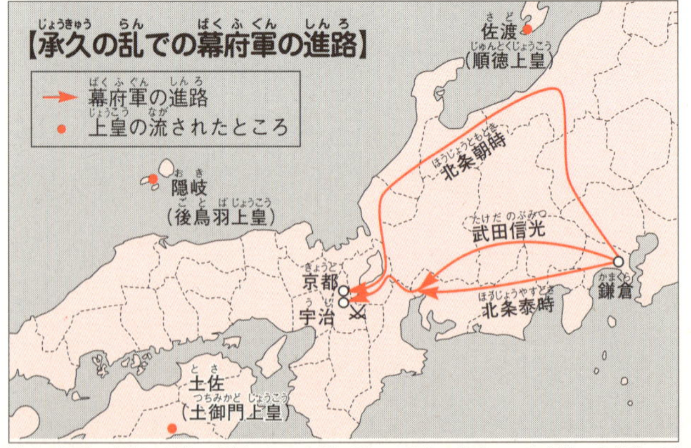

幕府の大軍は東海、東山、北陸の三つの道を通って京都を目指し、木曽川、宇治川で朝廷軍を破った。後鳥羽上皇は隠岐（島根県）、土御門上皇は土佐（高知県）、順徳上皇は佐渡（新潟県）に流された。

はじめての武士の法律、貞永式目

北条義時の死後、子の泰時が執権となり、評定衆と呼ばれる役職を決め、政策の話し合いや公正な裁判を行い、1232(貞永元)年、武士の法律を作らせた。この法律は、作られた時の年号をとり、貞永式目(または御成敗式目)と呼ばれ、このあと続く武士の法律のもとになった。

鎌倉幕府の政治は、北条氏を中心に話し合いで進める合議制が採用された。公平で、時の流れを見極めた政策は御家人の信頼を得て、鎌倉は武士の都として発展した。

【貞永式目(御成敗式目)】

- 守護は京都御所の警護と謀反人・殺害人の取り締まりを行う
- 地頭は荘園領主に必ず年貢を納める
- 武士が20年間土地を支配していたなら、その権利を認める
- 悪口は言ってはならない、人殺しのもとになる
- 何であれ、源頼朝の時のしきたりを守る

【北条氏の略系図】

- 時政①
  - 時房
    - 時盛
    - 朝直(大仏) — 宣時 — 宗宣⑪ — 貞房
  - 義時②
    - 実泰 — 実時 — 実村
      - 実政
      - 顕時 — 貞顕⑮ — 貞将
    - 政村⑦
      - 時長 — 時敦 — 時益
      - 時村 — 為時 — 熙時⑫ — 茂時
    - 重時
      - 業時 — 時兼 — 基時⑬ — 仲時
      - 時茂
      - 長時⑥(赤橋) — 義宗 — 久時 — 守時⑯
    - 朝時(名越)
      - 時章
      - 光時
    - 泰時③ — 時氏
      - 時頼⑤
        - 宗頼 — 兼時
        - 宗政 — 師時⑩ — 時茂
        - 時輔
        - 時宗⑧ — 貞時⑨ — 高時⑭
      - 経時④
  - 政子

①は執権になった順序

将軍に代わって政治を執る役職を執権という。源実朝が殺害されたあと、京都から名前だけの将軍を迎えて、実際の政治は執権の北条氏が行ったので、執権政治と呼ばれる。

鎌倉時代

執権政治と武士の生活

13世紀

北条氏による執権政治は、名執権といわれた泰時から、経時、さらに民情をくみとり善政を行った時頼へと続く。

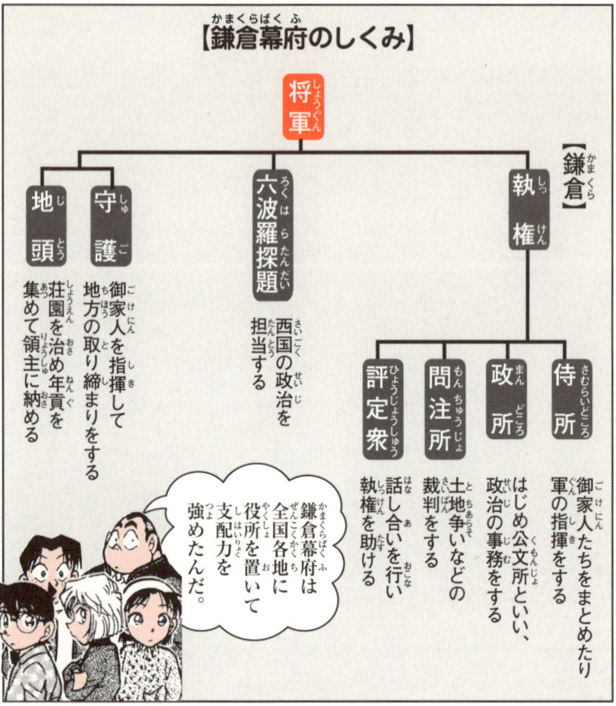

【鎌倉幕府のしくみ】

- 将軍
  - 地頭：荘園を治め年貢を集めて領主に納める
  - 守護：御家人を指揮して地方の取り締まりをする
  - 六波羅探題：西国の政治を担当する
  - 【鎌倉】執権
    - 侍所：御家人たちをまとめたり軍の指揮をする
    - 政所：はじめ公文所といい、政治の事務をする
    - 問注所：土地争いなどの裁判をする
    - 評定衆：話し合いを行い執権を助ける

武士を統率するためのしくみは、初期には政所（財政担当）、侍所（御家人の統率と軍事担当）、問注所（裁判担当）という簡素なものだった。

鎌倉幕府のしくみ

御家人たちが何よりも大事にしていたのが土地だった。「一生懸命」はもとは「一所懸命」と書いたが、これは鎌倉時代に生まれた言葉だ。源頼朝は御家人に領地を分け与え（御恩）、御家人は頼朝の命令に従う（奉公）という主従関係ができあがり、御家人は自分の領地を守るために命を懸ける（一所懸命）こともいとわなかった。農民から直接年貢を取り立てる地頭は、荘園・公領ごとに置かれ、政治的にも経済的にも力を持っていった。

【地頭の館】

館を囲むように堀が造られ田の用水につながっていた。水の管理も農民支配の方法の一つだった。

「いざ鎌倉」の武士の生活

このころの武士は、領地のある農村で暮らし、いつどんなことがあってもよいように武器の手入れをし、日頃から馬や弓矢の武芸に励んで心身を鍛えていた。いざという時に、一族（家の者）と郎党（家来）を従えて鎌倉に駆けつけられるようにするだけでなく、領主としての農業経営と、地頭としての荘園や公領の支配で忙しい暮らしだった。

武芸に励む武士　『男衾三郎絵巻』より。地方武士の日常生活を描いている。

もっと知りたい日本史ファイル　泣く子と地頭には勝てぬ

これは鎌倉時代の地頭の乱暴狼藉を言い表した江戸時代のことわざだが、地頭が勝手に年貢を増やしたり、自分の田畑の耕作に農民を駆り出したり、命令に従わないものには厳しい処罰を与えるなど、相当ひどいものだった。有名な例は紀州（和歌山県）の湯浅氏。湯浅氏は有力な豪族だったが、農民をあまりにむごく扱うので逃げ出すものも多かった。農民がいなくなるのをいいことに、逃げ出した農民の田畑を自分のものにして、そこに残っている農民を使って麦をまかせたといわれている。

商工業と市の発展

武家が盗賊などを取り締まり社会が安定してくると、農民の暮らしぶりにも変化が見られた。商工業が発展し、農具を作る鍛冶屋、染め物を行う紺屋などの手工業者が定住するようになって、寺社の門前など交通の便のよいところに定期的な市が立つようになった。牛馬を利用するなどして農業生産率も高まり、米の裏作に麦が作られる二毛作も行われるようになっていった。

元の勢力拡大と日本来襲

13世紀

13世紀、モンゴル高原で遊牧生活を送っていたチンギス・ハンは、民族を統一して国家を建設、モンゴル帝国を築いた。

モンゴル民族の大帝国

中央アジアからやってきたチンギス・ハンは南ロシアまでを征服、その子孫はユーラシア大陸の東西にまたがったモンゴル帝国を築いた。五代目のフビライ・ハンは大都（北京）に都を移して国号も元とし、皇帝となって勢力を拡大。その後、宋を滅ぼし、中国全土を支配下に置いた元にはヨーロッパからも宣教師や商人が数多くやって来た。イタリア人マルコ・ポーロもその一人だ。マルコ・ポーロはフビライに20年あまりも仕え、その間の事を『東方見聞録』に著し、日本を黄金の島ジパングとしてヨーロッパに紹介した。

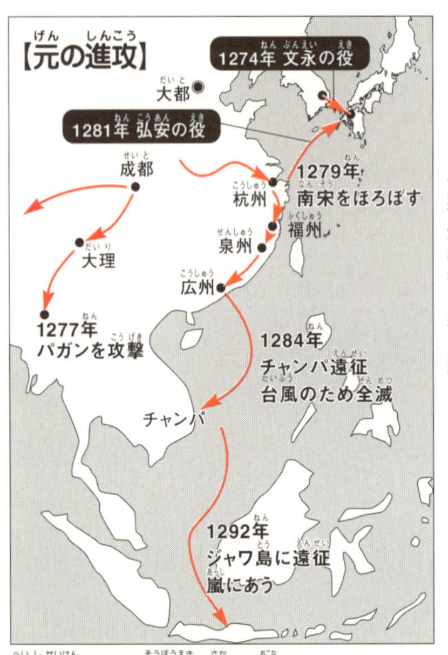

平氏政権のころ、宋貿易が盛んに行われて、宋銭が日本国内で出回ったり、陶磁器が輸入され、僧の往来があった。元の時代になると、元は日本を従えるために2度にわたって大軍をなして日本を襲ってきたが、鎌倉武士は博多湾で応戦し撃退した。

元軍兵士の鎧と兜

元軍の馬具

元軍の銅鑼

元軍の弓

元軍の兵士たちは短くて強力な弓や革鎧などの装備で敵を苦しめたのよ。

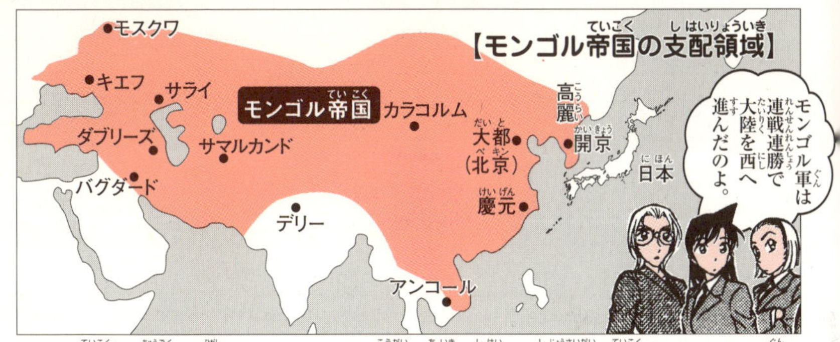

モンゴル帝国は、中国から東ヨーロッパにまたがる広大な地域を支配する史上最大の帝国だった。モンゴル軍は1000人の兵士とその家族をひとつの軍団として各地に送った。また、騎馬民族である彼らはその機動力に加え、家畜を引き連れて遠征したので、食料の心配をする必要もなかった。こうして彼らは領土を広げていったのだ。

第1回目の元の来襲、文永の役（1274年）

皇帝となったフビライ・ハンは日本を従えるために使者をたびたび日本に送ってきた。しかし、幕府はこれを退け、使者を無視して返事もしなかったため、1274（文永11）年、元は高麗の軍勢をも合わせて対馬・壱岐をおそい、北九州の博多湾から上陸、集団戦法と火器によって日本軍を悩ませたあと引き上げていった。元・高麗軍が陸にとどまらず引き上げていったのは、前夜の暴風雨による損傷が激しかったためといわれている。次の弘安の役の際も暴風雨が起き、これらの暴風雨は「神風」といわれるようになった。

【文永の役】
合浦
元・高麗軍進路
巨済島
対馬
壱岐
博多
大宰府
平戸島
北松浦半島

最初の元の襲撃ののち、幕府は石垣を築いて守りを固めた。これが防塁（石塁）だ。高さは2～3m、長さ20kmにおよぶ石の砦だ。

第2回目の元の来襲、弘安の役（1281年）

1281（弘安4）年、元軍が再びやって来た。しかし、この時は防塁の防備もあり、また日本軍の激しい応戦にあって元軍は上陸できず、さらに暴風雨にあって大損害を受けて帰っていった。この2回の元軍の襲来は元寇と呼ばれている。

鎌倉文化と鎌倉仏教

13世紀

鎌倉時代、文化はまだ貴族が中心だった。しかし、武士の時代の到来とともに、次第に新しい文化が見られはじめた。

鎌倉時代の文化

鎌倉時代の文化は、平安時代から続く京都の公家文化をもとに、武士の生活の影響を受けた素朴で力強い表現が加わったものが多かった。大陸の宋・元などから禅宗が伝わり、末法思想が広く流布したのも、この時代の特徴だ。

藤原定家

藤原定家は、百人一首を選んだ和歌の名手。鎌倉時代に後鳥羽上皇を中心に作られた『新古今和歌集』も編集した。同書には、武士から出家した西行の歌や、『方丈記』を著した鴨長明の歌なども収められている。

『平家物語』

『平家物語』は『保元物語』『平治物語』『源平盛衰記』などと同じ軍記物の一つ。末法思想に基づく無常観がそこに流れている。琵琶の音色に合わせて、琵琶法師と呼ばれる遊芸人によって各地で語られた。

円覚寺（神奈川県鎌倉市）

国宝に指定されている舎利殿は代表的な唐様建築。有名な鎌倉五山のひとつ。北条氏が宋から伝わった臨済宗を保護して建てた寺。

東大寺金剛力士像（奈良県奈良市）

新しい仏教の教えも広まり、東大寺、興福寺などの再建や修理などもあって、仏像ブームとなった。奈良の仏師・運慶の金剛力士像のように力強い彫刻がほどこされ、武士の気風が表現された。

高徳院（神奈川県鎌倉市）

修行僧の沙門浄光が全国から寄付金を募り、現在より小さい木造仏が造られた。現在の金銅仏は、1252（建長4）年に製造が開始された。

鎌倉仏教

戦乱続きの世の中で、人々が心のよりどころを求める中、誰にでも分かる、やさしく説かれた仏教が各地に広がっていった。

日蓮

【辻説法を行った日蓮】

法華経の題目「南無妙法蓮華経」を唱えさえすれば人も国家も救われると説いた（立正安国論）。救いは法華経だけにあるという信念を貫き、他宗派や幕府の政治を激しく非難した。

親鸞

【念仏で救われると説いた親鸞】

浄土宗の開祖・法然の弟子で、浄土真宗（一向宗）を開いた。阿弥陀仏の教えを信じ「南無阿弥陀仏」と念仏を唱えればよく、「阿弥陀仏はまず最初に悪人を救う（悪人正機）」と説いた。

【禅の教えを広めた道元】

宋に渡り、禅宗を修行し帰国したあと、曹洞宗を開いた。座禅によって自分の力で悟りを開こうとする禅宗は、武士の気風に合い、受け入れられた。禅の教えについて論じた『正法眼蔵』を著した。

道元

鎌倉時代

鎌倉幕府の滅亡

13世紀後期～14世紀

元寇の時、手柄を立てた武士に対する恩賞が与えられなかったため武士たちの不満は募り幕府解体の要因となっていった。

悪党の横行

第八代の執権・北条時宗の時に元寇を撃退したあと、御家人に満足に恩賞が与えられなかったため、鎌倉幕府の政治にゆるみが見られ始めた。生活に困り領地を質入れするなど借金を重ねる御家人も現われた。一方で恩賞を与えない幕府を憎み、徒党を組んで荘園を荒らす武士もいて、彼らは「悪党」と呼ばれた。近畿地方を中心に悪行をくりかえし、荘園領主の使者を追い出して年貢を奪った。こうして他人の土地を荒らす者が増え、政治が乱れていった。

この時代に登場した悪党は、畿内、尾張、伊勢、伊賀、紀伊、越前、伊予など、おもに畿内周辺の地域で暴れ回った。

永仁の徳政令（1297年）

1297（永仁5）年、御家人たちの窮乏を救い、不満をなくそうとして、弘安の役から十数年後に作られたのが永仁の徳政令だ。20年間の間に御家人が手放した領地を、商人から無料で取り戻してよいこと、今後の領地の売買や質入れの禁止などが定められた。

この政策は商人たちの反感を買うとともに、経済が不安定になってしまった。すでに幕府の威信は失墜しており、かえって武士の暮らしは貧しくなる一方だった。さらには商人や一般庶民までも敵に回し、幕府への不満を募らせていくことになった。

なぜ御家人の力は衰えたのか

本来なら手柄を立てれば、その恩賞として土地をもらえるのが武家社会の習わしだった。しかし、元寇で元の軍隊を追い返しはしたものの、戦で功を立てた武士に分け与えるための新たな土地はなかった。さらに、自費で戦いに参加していたため武士たちは疲れ果てていった。また、商業や手工業の発展に伴って、お金でものを売り買いする時代が到来した。武士たちは農民から取り立てる年貢だけではやっていけなくなり、生活も苦しくなった。

御家人が持つ土地（所領）は親から子へ分け与えられていくものだった。何代も伝わるうちに領地も小さくなってしまい、年貢の分配も減り御家人の力は弱まっていった。

元弘の変（1331年）

1331（元弘元）年、力が衰えた幕府を倒して朝廷の力を取り戻すため、後醍醐天皇が兵を挙げた。しかしこの反乱は失敗に終わり、天皇は隠岐（島根県）に流された。これを元弘の変という。天皇は流刑地から諸国の武士と連絡をとりあい、再び兵を挙げた。今度は有力な御家人の足利尊氏や、楠木正成ら新興の武士たちも加わった。河内国から出て千早城（大阪府）に立てこもった正成は幕府軍と粘り強く戦った。これが、各地で武士たちが倒幕に立ち上がるきっかけとなり、1333（元弘3）年、ついに鎌倉幕府は滅びた。

楠木正成は千早城に立てこもり、石や木を落としたり、煮え湯を浴びせるなどゲリラ戦法で幕府軍を苦しめた。

もっと知りたい 日本史ファイル　新田義貞の太刀

新田義貞は上野（群馬県）の新田荘を本拠地としていた源氏の名門だった。後醍醐天皇の北条氏追討の命を受けて挙兵すると、義貞のもとには東国の武士が多く集まり、幕府を倒すため鎌倉を目指した。義貞軍は太平洋に面した稲村ヶ崎を回って、由比が浜を通り鎌倉に入った。潮が満ちた稲村ヶ崎を回る時、義貞が海神に念じて太刀を海に投げ入れると、たちまち潮が引き始めたという伝説が残っている。

南北朝時代

建武の新政

14世紀

141年にわたる鎌倉幕府支配のあと後醍醐天皇による新しい政治が始まった。

後醍醐天皇による直接政治

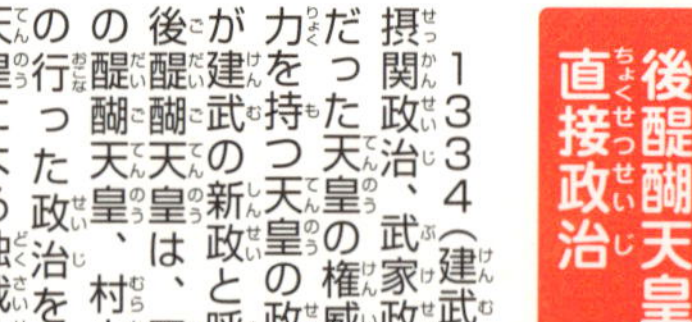

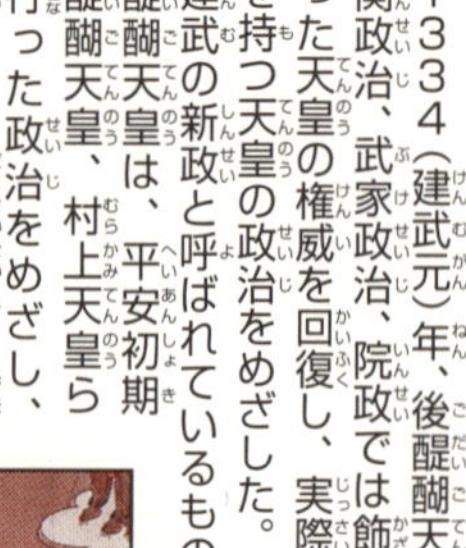

1334(建武元)年、後醍醐天皇は摂関政治、武家政治、院政では飾り物だった天皇の権威を回復し、実際に権力を持つ天皇の政治をめざした。これが建武の新政と呼ばれているものだ。後醍醐天皇は、平安初期の醍醐天皇、村上天皇らの行った政治をめざし、天皇による独裁政治を行おうとした。

【後醍醐天皇像】
後醍醐天皇は1318(文保2)年に即位して以来、朝廷に政治を取り戻す機会を狙っていた。天皇の理想とした政治は、公家も武家も天皇が率いることだった。

つのる武士の不満

後醍醐天皇の行おうとしていた政治は、幕府による政治を改めることだった。そのため鎌倉幕府が認めていた領地についても改めて調査の上、天皇が認め直すこととなり、武士たちは大きな不安を抱えることになった。

実際、幕府方の武士たちの領地は取り上げられ、その多くは天皇家の関係者に分け与えられた。公家に手厚く、武士に薄情な扱いに武士たちの不満はつのった。

皇居の修復が始められ、武士の領地に税をかけたことも武士の不満をあおった。

落書に見る市民の不満

京都の内裏と目と鼻の先にある二条河原に張り出された落書には、「このごろ都にはやるもの、夜討ち、強盗、謀綸旨…」と書いてあった。治安は乱れ、恩賞はでたらめ、成り上がりの役人はだらしなく、公家はぜいたくになる、と皮肉混じりにはやし立てる内容だった。武士のみならず京都の庶民すべてが、後醍醐天皇の政治に失望していたことが分かる。

建武の新政は新しい政策を急に行おうとしたために、実情に合わないことも多かった。二条河原の落書は世の中の混乱ぶりをよくとらえているが、作者はわかっていない。

後醍醐天皇の政治は庶民に受け入れられなかったのね。

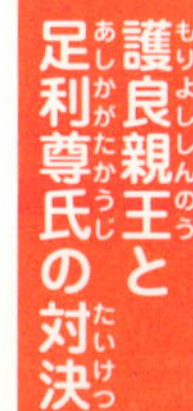

護良親王と足利尊氏の対決

後醍醐天皇の子・護良親王は武士たちの信頼が足利尊氏に集まるのをおそれて、尊氏打倒計画を進めていた。これに対し尊氏は天皇の后・阿野廉子を使って天皇に護良親王が天皇の位をねらっていると思い込ませた。この計略によって1334（建武元）年10月、護良親王は捕えられて鎌倉に送られることになった。これを機に都や地方では、武士を中心に尊氏に追随するものが増えていった。

足利尊氏は源義家の血を受け継ぐ、源氏の名門だった。その家柄でも諸国の武士の信頼を集めた。

足利尊氏は武士たちのリーダーだったんだ。

護良親王は鎌倉の東光寺に幽閉された。そののち鎌倉に北条時行が乱入した際の混乱に乗じ、足利直義により首をはねられた。これにより足利尊氏はますます力をつけていった。

南北朝時代

南北朝の争乱

14世紀

庶民から信頼を失った後醍醐天皇に対して、足利尊氏が兵を挙げた。国は二つの朝廷が対立する戦乱の世となった。

足利尊氏、武家政権の復活をはかる

1335（建武2）年、足利直義のいる鎌倉に、北条高時の子・時行が、信濃の国の守護を破って進軍、一時、鎌倉は北条氏に占領された。これが中先代の乱と呼ばれる反乱だ。これを受けて尊氏は後醍醐天皇の許可なしに北条軍を破って鎌倉を奪い返した。そののち、尊氏は天皇の帰京命令にも従わず、天皇の尊氏追討命令を受けた新田義貞を討つことを名目に、反旗をひるがえした。

多々良浜の戦い
湊川の戦い
京都
中先代の乱
菊池
吉野
九州
鎌倉
箱根・竹ノ下の戦い

【足利尊氏の戦い】

足利尊氏は鎌倉で北条氏を破ったあと、箱根を経て都に上った。そののち京を追われたが、九州の多々良浜まで逃げ勢力を盛り返し、再び都に攻め上った。

都をめぐる足利尊氏、新田義貞の戦い

足利尊氏は箱根で新田軍を破り京へ攻めのぼって都を占領した。しかし東北から新田義貞らの応援に駆けつけた北畠顕家に破れて京を明け渡し、尊氏は摂津に逃れ、後醍醐天皇は再び都へ戻った。

尊氏は、朝敵になることをおそれて、持明院統の光厳上皇の院宣をとりつけ再び京を目指した。こうして足利尊氏側の軍勢と、後醍醐天皇側の新田義貞、楠木正成らの軍は湊川（兵庫県）にて激突することになった。この戦いで足利尊氏の大軍の前に、新田軍、楠木軍は力尽き、戦上手で後醍醐天皇側の最大の功労者だった楠木正成も戦死した。

この時代、二人の天皇が同時に並び立つ異常事態となっていたが、それには理由がある。鎌倉幕府滅亡以前、皇位継承を巡る争いに幕府が介入することで、後深草天皇の系統（持明院統）と亀山天皇の系統（大覚寺統）が交代で天皇の位に就くことになっていたのだ。2派の天皇継承争いに武士どうしの勢力争いが加わることで、政局は混乱していった。

二人の天皇

1336（建武3）年、湊川の戦いで勝利した足利尊氏は、京に入ると、光明天皇を立てて室町幕府を開いた（北朝）。

一方、後醍醐天皇は吉野（奈良県）に逃れ、こちらが正しい朝廷だと主張した（南朝）。こうして二つの朝廷が生まれ、こののち、およそ60年間にわたり足利家が実権を握った武家中心の「北朝」と、後醍醐天皇や少数の公家を中心とした「南朝」とが争う戦乱の世となった。この時代が南北朝時代と呼ばれるのはそのためだ。尊氏は北朝により征夷大将軍に任じられ、幕府を開き、全国の武士をまとめるために各地の守護の権限を強めた。これがのちの守護大名へと成長していく。軍記物『太平記』には南北朝時代の戦乱が記されている。

【天皇家の略系図】

北朝
- 93 後伏見天皇
  - 北1 光厳天皇
    - 北3 崇光天皇
    - 北4 後光厳天皇
      - 北5 後円融天皇
        - 北6・100 後小松天皇
  - 北2 光明天皇

南朝
- 96 後醍醐天皇
  - 97 後村上天皇（義良親王）
    - 98 長慶天皇
    - 99 後亀山天皇 ……（点線）…… 後小松天皇
    - 良成親王（鎮西宮）
  - 護良親王（大塔宮）
  - 宗良親王
    - 興良親王
  - 懐良親王

数字は天皇即位の順序

戦乱収まる

尊氏は1338（暦応元）年、征夷大将軍に任じられた際、将軍の権限の半分にあたる行政に関する部分を弟の直義に与え、二人で助け合って幕府を支えた。

一方、長引く南北朝の争乱の中で力をつけてきたのが高師直ら、婆娑羅大名たちだ（「婆娑羅」とは、奇抜で派手な格好をし、権威や伝統を無視したふるまいをすること）。高師直や、土岐頼遠、佐々木高氏に代表される婆娑羅大名は、従来からの権力をおそれず、贅を尽くし派手にふるまっていた。

勢力を増した高師直によって政治から遠ざけられた直義は幕府と対立することになり、ついに南朝と手を組んだ。東国には直義、西国に直義の子・直冬、そして吉野には南朝と、まわりを南朝の勢力に囲まれながら、尊氏は粘り強く戦って勝利者となった。

争乱の中で1354（文和3）年、南朝の中心人物、北畠親房が、その4年後には足利尊氏が世を去り、義詮が将軍となった。将軍職を継いだ二代将軍・義詮は何とか幕府を支え、14世紀末、三代将軍・義満の時代になると、各地の争いも減って南北朝の争乱も終わり、文化の花開く平和な時代となった。

【足利家の略系図】

- 1 足利尊氏
  - 関1 基氏
    - 関2 氏満
      - 関3 満兼
        - 関4 持氏
  - 2 義詮
    - 満詮
    - 3 義満
      - 4 義持
        - 5 義量
      - 義嗣
      - 6 義教
        - 7 義勝
        - 8 義政
        - 義視
        - 政知

・数字は将軍の代数を示す
・関は関東公方を示す

課外レポート

武士の兜・鎧を大解剖してみよう

兜・鎧は武士にとっては晴れ着。身を守り、弓を射るための工夫がたくさん見られるんだ。

●兜の頂上に穴があいてるって知ってた？

大きなものなら5センチほどの穴があいている。これは髪を結った髷を出す穴だ。武士たちは髪を伸ばし、髷を結って烏帽子をかぶり、その上に兜をかぶって穴から髷を出していたのだ。

●鎧の重さ、何キロあるの？

兜と鎧を合わせるとその重さはなんと20～30キロにもなる。ほかにも太刀や弓矢を持っていたので、相当な重さになったはずだ。

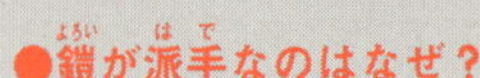

●鎧が派手なのはなぜ？

派手で目立つ鎧が多いのには訳がある。当時の武士は戦場で功績を上げて認めてもらうことで俸禄（給料）をもらうことができた。だから、戦場で目立つ必要があったのだ。

●重くても大丈夫なの？

大鎧は馬に乗り弓矢で戦うために作られたもの。大鎧を着ると鉄の箱を着ているようになり、敵の弓矢から体を守るには最適だ。重さは馬にかかるから本人は大丈夫だったんだ。

名探偵
コナン
DETECTIVE CONAN
推理ファイル
part 3
「京都の火事」

『京都が燃えている!!』

実家の寺を継ぐために、夏休みに京都へ修行に行っている瑠璃雄からの突然の電話だった。

(※瑠璃雄については『日本史の謎①』第3話参照)

新聞には、そんな記事は一切載っていない。

しかし、ただ事ではない瑠璃雄の様子に、俺たちは急いで京都へ飛んだ。

この銀行の関係者の家が次々に燃やされているんだ。

室町銀行本社

2

ふざけるな!!

副社長がそんなボロボロの奴に会うわけないだろ!!
どん
うぐっ!

そっ、宗淳和尚!!

宗淳和尚
あたた……弟に会って、説教してやろうと思うたのに。

大丈夫ですか?
おっ、珍然か。

3

チンネン!?お前、寺では珍然って呼ばれてるのか?
笑うな!!
しかし、この銀行も庶民の味方やと口では抜かしているのに、本性見えたな!

この方が、事件の依頼者かな?
うん。こんな格好だけど、この銀行の社長の上の弟なんだよ。

またまた冗談を、ハハハ！

ホントだよ！銀行の重役たちの間では、副社長で三男の三郎さんや社長で長男の一郎さんより、次男の宗淳さんこそ社長にふさわしいって言われてたんだ。

これ、ワシの自慢などええから！

事件の解決の依頼をした宗淳と申します。

毛利です。早速ですが、依頼の内容は？

4

でも、その社長の息子が今度大学を卒業することが決まってから、放火事件が頻発しているのです。

えっ、何故です？

社長の兄は、今まで弟が頑張ってきたさかいに、弟に会社を継がせてもいいと考えてたようやけど、兄の奥さんが自分の息子の尚義に会社を継がせたいとゴネだしてな。

血で血を洗う放火の応酬というわけですな。

もう、副社長派が6軒、社長夫人派が5軒家を燃やされたんだ。

このままじゃ本当に応仁の乱みたいになっちゃうよ。

5

叔父さん。

おう、尚義か。久しぶりだな。

室町尚義（室町一郎（社長）の子ども）

叔父さんも元気そうで何よりです。

また昔みたいに、一緒に遊んでくださいよ!

ああ、いつでも遊んだるで!

尚義!!

重役たちがあなたのために集まってるのよ、何してるの!!

室町登美子（社長夫人）

あら、二郎さん。そんな格好して平成の一休さんを気取っているんですか？

尚義に悪い影響与えないでくださいよ！

ハハハッ、相変わらずやな。

俺、あの人嫌いだよ！

金閣寺

すごーい、金ピカだ!!

この建物は、室町幕府の三代将軍足利義満が建てた寺です。

後醍醐天皇は、河内の豪族の楠木正成や武士の新田義貞、源氏の有力な武将の足利尊氏の力を借り、1333年に鎌倉幕府を倒したんやが、鎌倉幕府が倒れても新しく将軍を置かずに、後醍醐天皇自ら政治を行う貴族中心の社会に戻そうとしたんや。

なぜだと思うね、珍然？

えーっと……

鎌倉幕府を倒したのは武士だよね。
その武士を無視し、貴族を重く取り立てたから、武士が怒ったんじゃない？

そのとおり！

鎌倉幕府では、将軍が全国各地の守護を任命する事で、武士たちも将軍と主従関係を結び、言う事を聞いた。
だがこの将軍がいなくなったため、武士たちは全国から京都に大勢押しかけ、天皇に守護として任命してもらおうとした。

でも、守護には任命しなかったんだね？

ああ。
わずかばかりの者が任命されただけやった。

そりゃ武士が黙っちゃいないいな。

確か、元寇の時に蒙古を追い払っても恩賞をもらえなかったから、武士たちは中央政府に不満を持ってたんじゃないかな。

そや。
足利尊氏は、その武士たちの不満を察知して兵を挙げ、一度は敗れて九州に逃れるが、そこで味方を増やして再起し、後醍醐天皇を京都から追い出してしまうんや。

そして、1338年に尊氏は自分の息のかかった光明天皇から、征夷大将軍に任じられる形で武士の棟梁となったんや。

では、後醍醐天皇はどうなったんです？

吉野に逃れ、南朝というもうひとつの朝廷をつくって、尊氏たちの北朝と戦ったんです。

ほーーっ、二つの朝廷ができたんですか！

ええ、でも尊氏はその間にも着々と地盤を固めていく。まず、地方の守護に国内の荘園や公領の年貢を半分取り立てる権限を与える、半済令を出したんです。

地方の守護たちは、南北朝の動乱の中で戦費に大変困っていたから助かったんです。

小競り合いが60年も続きましたが、その南朝と北朝をまとめたのがこの金閣寺を建てた室町幕府三代将軍足利義満なんです。

へーーっ、たいした奴だな！

義満は11歳で将軍となるが、南朝の中心だった九州を平定し、南朝の力をそぐ事に成功すると、南朝の後亀山天皇が北朝の後小松天皇に皇位を譲る形をとらせ、1392年に統一したんや。

うまい事考えたね。

確か義満は勘合貿易をやって大儲けをしたんですよね？

当時、高麗や明国の沿岸には倭寇という海賊が現れて食料や金品を奪い、さらに民を襲い、連れ去って奴隷にしたりしていた。

そいつらは神出鬼没で、大いに明は困り果てていた。そこで日本に、倭寇を取り締まれば貿易を許すと打診してきたんです。

明は倭寇と貿易船を区別するために「本字勘合」（本字壱號）という合札を持たせ、日本は左半分、明は右半分で照合させてたんです。

日本からは、何が輸出されたの？

剣や銅、硫黄だ。明からは銭や高級な絹織物、生糸、書物、薬などで、日本に持ち帰っただけで数倍の値で売れたんだ。

それで義満は金ピカの寺が造れたんだな。

室町銀行の元は土倉だって言ってたけど、どんな商売なの？
土倉は元は貴族の服や什器などを保管しておく貸し倉庫業だったんや。
それが室町時代のはじめに金貸し業になっていった。
どうして金を貸すようになったんです？

その理由を教えるからついて来なさい。
はーい！

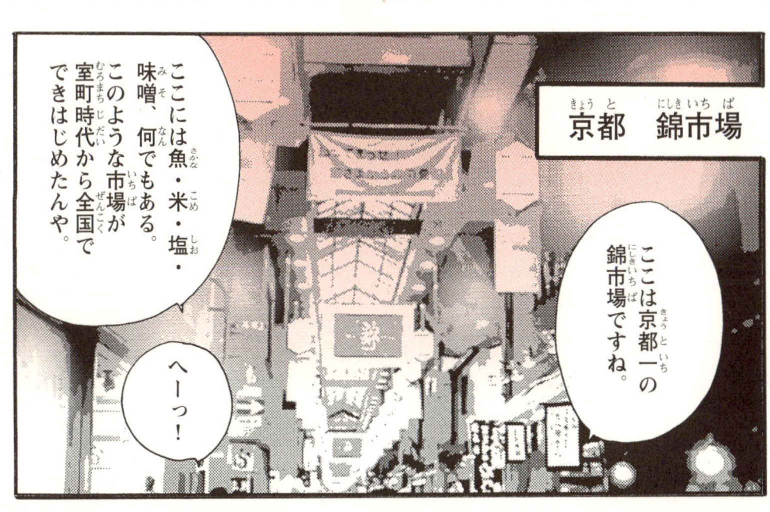
京都　錦市場
ここは京都一の錦市場ですね。
ここには魚・米・塩・味噌、何でもある。このような市場が室町時代から全国ではじめたんや。
へーっ！

11

室町時代には、米を作った後に麦を作る二毛作が始まり、さらに牛や馬を使った耕作も一般化、田に水を引くのに竜骨車が使われだし、生産が拡大したんや。

麻、桑、こうぞ、漆、えごまが栽培され、朝鮮から渡ってきた綿の栽培も行われた。京の西陣では織物が織られるようになった。
へーーっ、豊かになったのね！

村祭りや盆踊り、一日三食が始まり、味噌や醤油もこの頃から使われだしたんや。

へーっ、一日三食は室町時代に始まったのか。

では、物が豊かになると、何で金貸しが必要になると思う？

うーん、豊かになると……

それまでは取引に布や米が使われていたからじゃない？取引するのにいちいち米を運んでたら大変だからね。

そうか、そうだよな。

そのとおり！銭なら簡単に運べる。そこで、明銭などが使われだした。

全国的に流通が活発になると、貨幣経済はいっきに波及し、貴族や武士も品物を買うには貨幣が必要になったんや。

だが、貴族たちは秋に年貢が入らんと米をお金に換える事は出来ん。それまでのつなぎとして、土倉から年貢を担保に金を借りたんや。

担保

しかし、半済令などで年貢が減っていたために、次第にその次に入る年貢まで担保にして金を借りたり、中には荘園の管理権（代官職）を担保として巨額の借金をする者も現れたみたいや。

へーーっ！

それで土倉が活躍し始めたんですな。

貴族や武士ばかりか、天皇家も将軍家も特定の土倉から金を借りていたそうですわ。

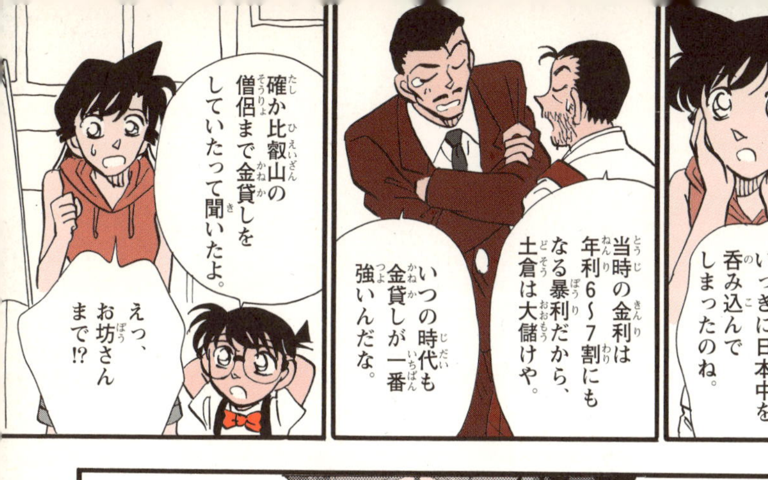
貨幣経済がいっきに日本中を呑み込んでしまったのね。
当時の金利は年利6～7割にもなる暴利だから、土倉は大儲けや。
いつの時代も金貸しが一番強いんだな。
確か比叡山の僧侶まで金貸しをしていたって聞いたよ。
えっ、お坊さんまで!?

この商売がボロ儲けできるとわかったために、あらゆる人が土倉に合銭といって資金を投資したんや。
合銭は土倉のほかに糸屋、米屋などの有力商人たちや、寺院も祠堂銭という名目で銭を集め、これを貸し付けた。
バブル時代に銀行が金を集めて、いろんな人に無理やり貸し付けて儲けたのと同じですな。

ワシの先祖も八代将軍の時に大儲けしたそうですわ。最近のバブル時代にも。
ほんま、あさましいもんです。

時代は変わっても、人のやる事は変わらんわけか……

八代将軍って確か、義満の金閣に対抗して銀閣を建てた人よね？
そや、足利義政や。銀閣寺に行ってみましょか？
行きたい行きたい!!

銀閣寺

何だか金閣寺に比べて、えらく貧相な建物ですな。

14

足りない事に
満足する事が
大事なんだぞ。

ほう、君は珍然と
同じ年らしいが、
侘び寂の心を
会得しておるな。

珍然、お前はまだまだ
修行が足らんな。
写経の時間を倍に
増やさんとならん
かもしれんな。

そ、
そんなー！

余計な事言うなよ、
俺に修行の成果が
見えないと、和尚さんは
俺をいつまでも家に
帰してくれないんだぜ！

偉い人でも貨幣が必要になってたんだろう。

でも、関所で通行税なんかとったら問題にならない？

そのとおり！これに怒ったのが各地から特産物を京に運んで来る、農家や新興の商人、そして荷を運ぶ仕事の馬借たちや。

だよね。せっかくの儲けがすべて取り上げられてしまうんだから。

一つの街道だけで数百もの関が立てられるという事態になってしまう。これに対し、馬借たちが一揆を起こし、京都のまわりの関所をことごとく破壊したんだ。

当然だよ！

一揆は京都の土倉まで襲撃し、借金棒引きの徳政令を要求した。

大混乱になっちゃったのね。

農民や馬借たちも土倉や問丸（問屋）から借金をしていたし、取り立ても容赦なかったから、恨みも積もっていたんやろうな。

龍安寺茶席・蔵六庵横
つくばい

これは茶室に入る前にお客様が手を洗う「つくばい」というものだ。

ここには、じつは四つの文字が書かれてある。珍然、読めるか?

五と矢と……あとは読めないや。

五の下に口をつければ「吾」。

矢の右に口をつければ「知る」。

五
隹
矢
疋
吾・唯・足・知の四つの文字じゃない？

素晴らしい!!
そのとおりだ。

続けて読めば、「吾、唯足るを知る」。意味は、いくら金持ちになってもまだ自分が満ち足りていないと思えばその人は貧しい。
しかし、貧しさの中にも満ち足りている気持ちがあれば、その人の心は豊かだという事だ。
へーーっ!!

龍安寺石庭

枯山水といってな、石と砂しか使ってない究極のシンプルな庭だ。

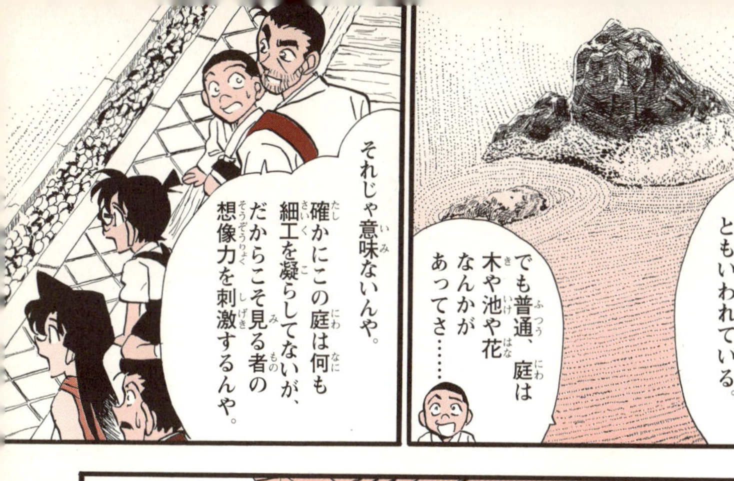

19

しかしこの寺も、富子が起こした応仁の乱で燃えてしまった。

えっ、戦乱まで起こしたの？

富子はどうしても
我が子を将軍にしたいと、
幕府の実力者である
山名持豊に助けを
求めたんや。

天の恵みでやっと子どもが産まれたからとっても嬉しかっただろうし、意地でも夫とは違う立派な将軍にしようとも考えたはずよ。

なるほど！

義政は応仁の乱の最中に富子に押し切られ、わずか8歳の息子の義尚を将軍にしてしまったんや!!

8歳って、俺と変わらないじゃん！ほんと無責任だな!!

でも義政が将軍となった時のことを考えれば、彼は文化に生きるしか道はなかったんじゃないかな……

なんだよ！お前は義政の肩を持つのか!?

どういう事だね？

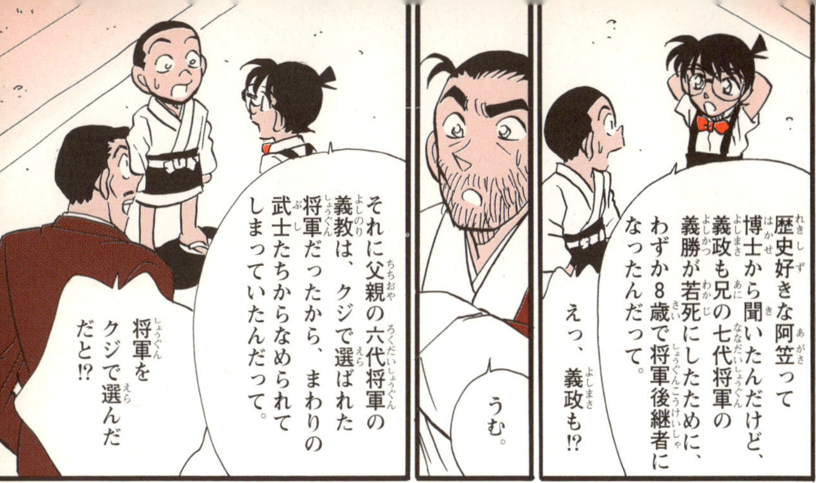

23

将軍が簡単に殺されるようだったら、もう室町時代の将軍という権威は、お父さんの義教の時にすでに地に落ちてたんだね？

そっ、それはいえるかもしれんな……

父親の跡を継いだお兄さんも若死にし、わずか8歳で次の将軍にさせられてしまった義政が、幕府の大人の役人たちの中で政治を統率する事なんか不可能だったんじゃない？

そう言われてみれば、そうやな！

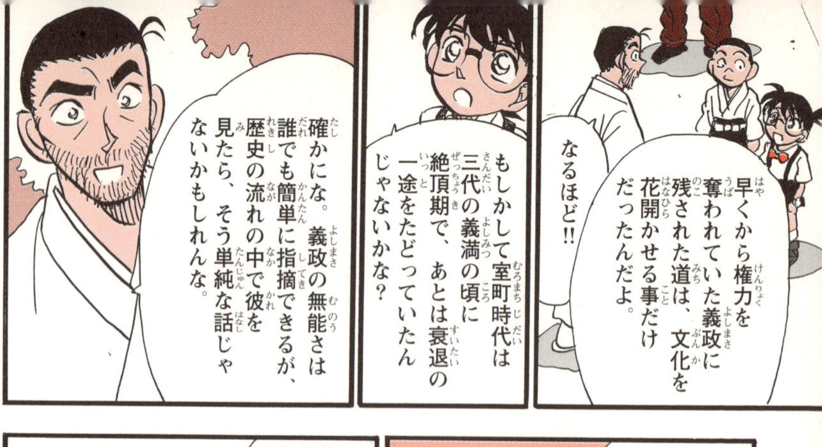

そうだな。社長は弟の三郎氏に家を継がせたがっているのに、奥さんの登美子さんがそれを許さず、息子に継がせようとしている……

夫が頼りないせいか、息子の尚義を立派な社長にするんやとえらいハリキってな。帝都大学にまで入れたんや。

それはすごいな!!

だが、学部は母親のすすめる経済学部を嫌って理学部に進んだんや。けど結局、就職は母親の言うとおり、室町銀行になってしもうた……

ふーむ。

しかし銀行は厳しい競争社会や！
優しい性格の尚義が、人を蹴落としてまでがむしゃらにやるとはとても思えんのや……

尚義さんって、どういう子どもだったんです？

小さい頃はよくシャボン玉を飛ばして遊んだもんや。
スポーツは苦手やったが、シャボン玉を作る事だけは上手かった。

大学の時には、シャボン玉作りを子どもに見せるために道具まで作って、幼稚園を回っては喜ばれてたよ。

心優しい人なのね！

だが、その尚義君の大学卒業が決まってから、社長になりたい副社長派と、尚義君を社長にしたい夫人派の家が放火されだした。

ええ、それも
手口がだんだん悪化
しているように
思うんや！
では、次の
ニュースです。
室町銀行本店の
重役宅で火災があり、
山名総善氏が意識
不明となっています。
えっ！

ワシの悪い予感が
当たったか……

ついに犠牲者が
出たのか!?

山名邸

こ、高名な毛利探偵が来てくださるとは、心強い限りです!!

そう固くならずに、事件の詳細を教えてくれ!

はい!

家の人が、山名さんの身体に火がついているのを発見し、すぐに消したのですが、山名さんは意識不明でして……

山名は、尚義の後見人として登美子さんが頼りにしていた人や!

山名っ!!

あなたは尚義に社長の座を奪われたくないから、私に力添えをしていた山名を殺そうとしたのね！
それなら、私の片腕の細川常務の家を燃やそうとしたのは、あなたの仕業という事ですね！
ど、どういう事よ!!
あなたこそ、私を社長に推薦している細川が邪魔だったんだ!!
なんて事を!! 私がそんな事する訳ないでしょ!!

オイオイ、ほんとかよ……
お、お願いします！
だが、二人とも十分に殺人の動機がある！これは困った……
これまでは、突然家の中でボヤが起きて騒ぎになっていたのですが、今回みたいに家の外にいた人が突然燃えだすなんて！
どの放火も目撃者はいないのかね？

それに今回も、
奥の台所にいた
奥さんが、爆発音の
ような音を何度も
聞いているんです！
爆発音？

ええ、そればかりか、
どうやって放火
してるのかさえ
わからんのです。
この焼却炉の火が、
服に燃え移ったとは
考えられないの？
家の人の話では、
旦那さんはそれはそれは
火に対して用心深い
人で、そんな過ちを
する人ではないと……

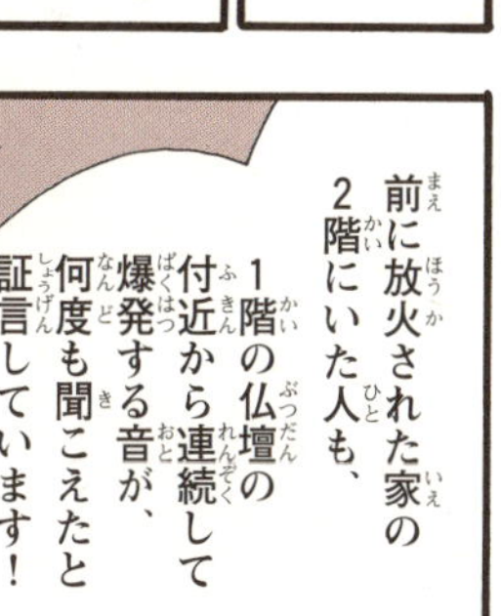

前に放火された家の
2階にいた人も、
1階の仏壇の
付近から連続して
爆発する音が、
何度も聞こえたと
証言しています！
ボン
ボン
ボン
連続する
爆発音か……

しかし鑑識が
調べた結果、
爆弾の破片らしき
物は見つかって
いないんです！
ここも調べ
ましたが、
何も……

君――っ！
爆竹でさえ、
爆発すれば破片は
必ず残るんだよ!?
そう
なんです
が……

ホントに気合い入れて
調べたんかあー？
現場はなめるように
調べんと、必ず証拠を
見落とすんだぞ!!

破片が出ない爆弾……

風の弱い日……

ドッ

も、もしかして!?

この車は確かあの人が乗ってきたもの……

おっ！

や、やっぱり!!

これで犯人の手口が決定的になったぞ!!

やはり犯人はあの人!!

うーん。

ニュリ

犯人はわかりましたよ！

えっ？

ホントなの？

で、でも、さっき破片の残らない爆弾なんてないって……

だがある物を使えばそれが簡単に作れるんだ！

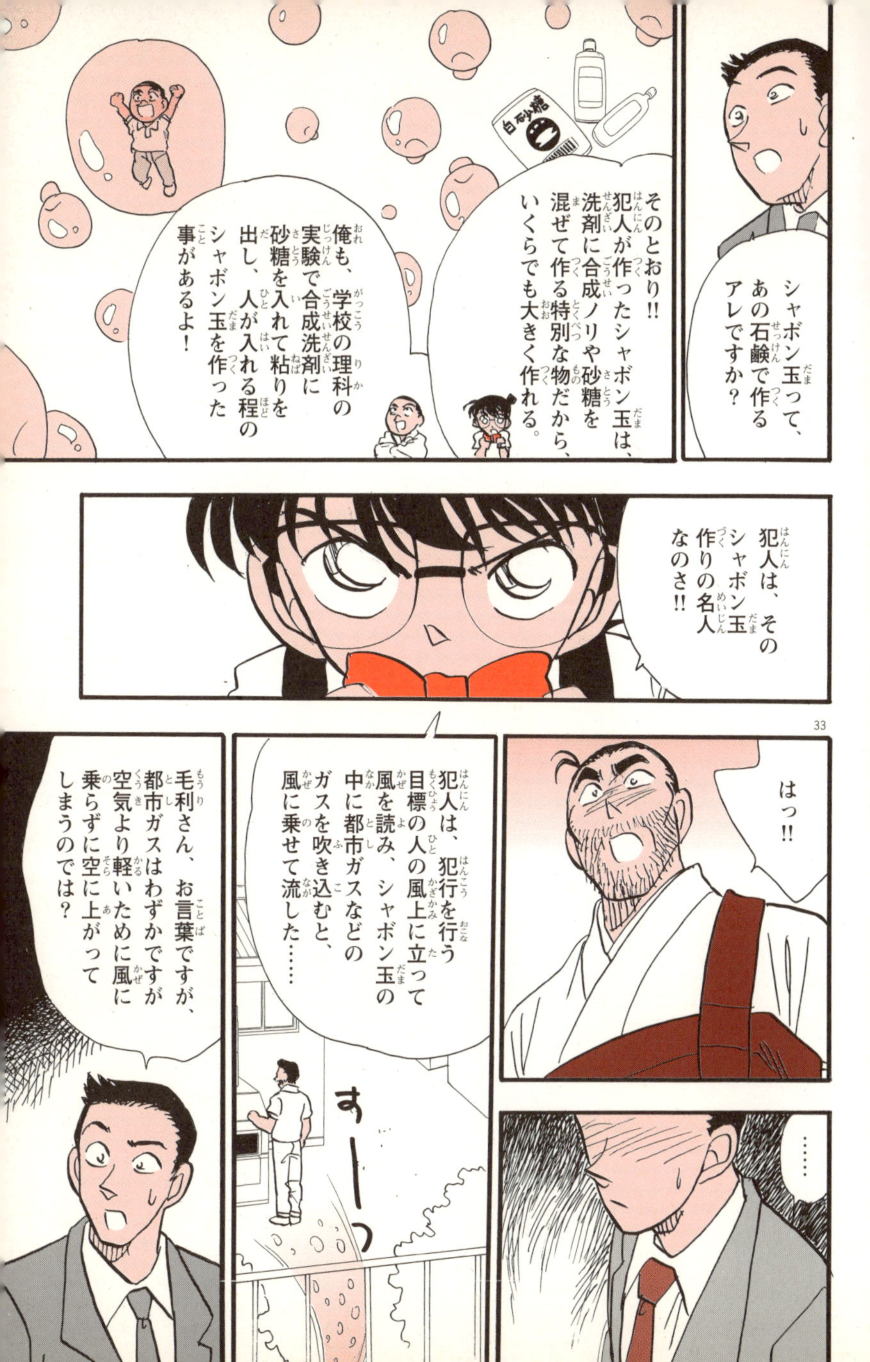
シャボン玉って、あの石鹸で作るアレですか？
そのとおり!! 犯人が作ったシャボン玉は、洗剤に合成ノリや砂糖を混ぜて作る特別な物だから、いくらでも大きく作れる。
俺も、学校の理科の実験で合成洗剤に砂糖を入れて粘りを出し、人が入れる程のシャボン玉を作った事があるよ！
白砂糖
犯人は、そのシャボン玉作りの名人なのさ!!
はっ!!
犯人は、犯行を行う目標の人の風上に立って風を読み、シャボン玉の中に都市ガスなどのガスを吹き込むと、風に乗せて流した……
毛利さん、お言葉ですが、都市ガスはわずかですが空気より軽いために風に乗らずに空に上がってしまうのでは？
……
すーっ

万一、その人間が火のそばにいたら、一瞬にして炎に包まれたはずだ!!

パン、パン

うわっ！

な、なんていう事を……

焼却炉のそばにいる人ならわかるけど、家の中で突然爆発してボヤ騒ぎになったのは何故なの？

ボヤになった家はおそらく窓が開いていたんだ！

犯人はそこから、シャボン玉のガス爆弾を放り込んだ！

家の中でコンロに火をつけていたらその火から……

仏壇で線香をつけていたらその火から……

家電のちょっとした火花でも簡単に引火しただろう！

でもいったい誰がそんな恐ろしい事を……

小さい頃から毎日シャボン玉を飛ばし、いつしか風を読める大人になっていて、

大学では化学の勉強もしていた人——

うっ!!

尚義、な、なんでそんな事を……

……

なっ、何を言っているの？

ウソ！ ウソよ、そんな事！

……

ホントや、俺がやったんや……

ウソ！
あなたはもうすぐ
この室町銀行の
社長になる人よ！
なんでそんな
幸せな人が
放火なんか？

そんなの
尚義にとって、
何も幸せじゃ
なかったんや!!

お黙りっ!!
跡継ぎ争いを
逃げたあんたに
何がわかるの？

登美子さん、
お言葉ですが、社長に
一番近い座を
自ら降りた宗淳さん
だからこそ、わかるん
じゃないでしょうか？
えっ？

尚義は
室町銀行の
社長など
なりたく
なかった
んや!!

ウソ！
尚義は社長になる
ために、私と一緒に
ずっと頑張って
きたんや!!

違う！　尚義はあんたを悲しませたくないためにこれまで必死に無理して頑張ってきたんや!!

だが、それにも限界が来た……

心の底から社長なんかになりたくないと叫び、逃げ出したいのにあなたはそれを全く許さなかった！

あなたがそういう人だから尚義に逃げ場がなくなった。

だが、尚義はあなたを心から愛していたため、面と向かって言えなかった！

えっ！

そこで尚義は副社長派とあんたの派閥を争わせ、

それを世間が取り上げたら室町銀行の世間的なイメージは最悪になると考えた。

事件を起こし、悪いイメージが広がれば、あなたもそんな銀行を無理に継げとは言わんだろうと、
そう考えたんやろ。
そ、そうなの？

ご、ごめん、母さん！
僕は、母さんの思っているような優秀な子どもとちゃう。

社長なんかになりたくなかったんや……
尚義……

……

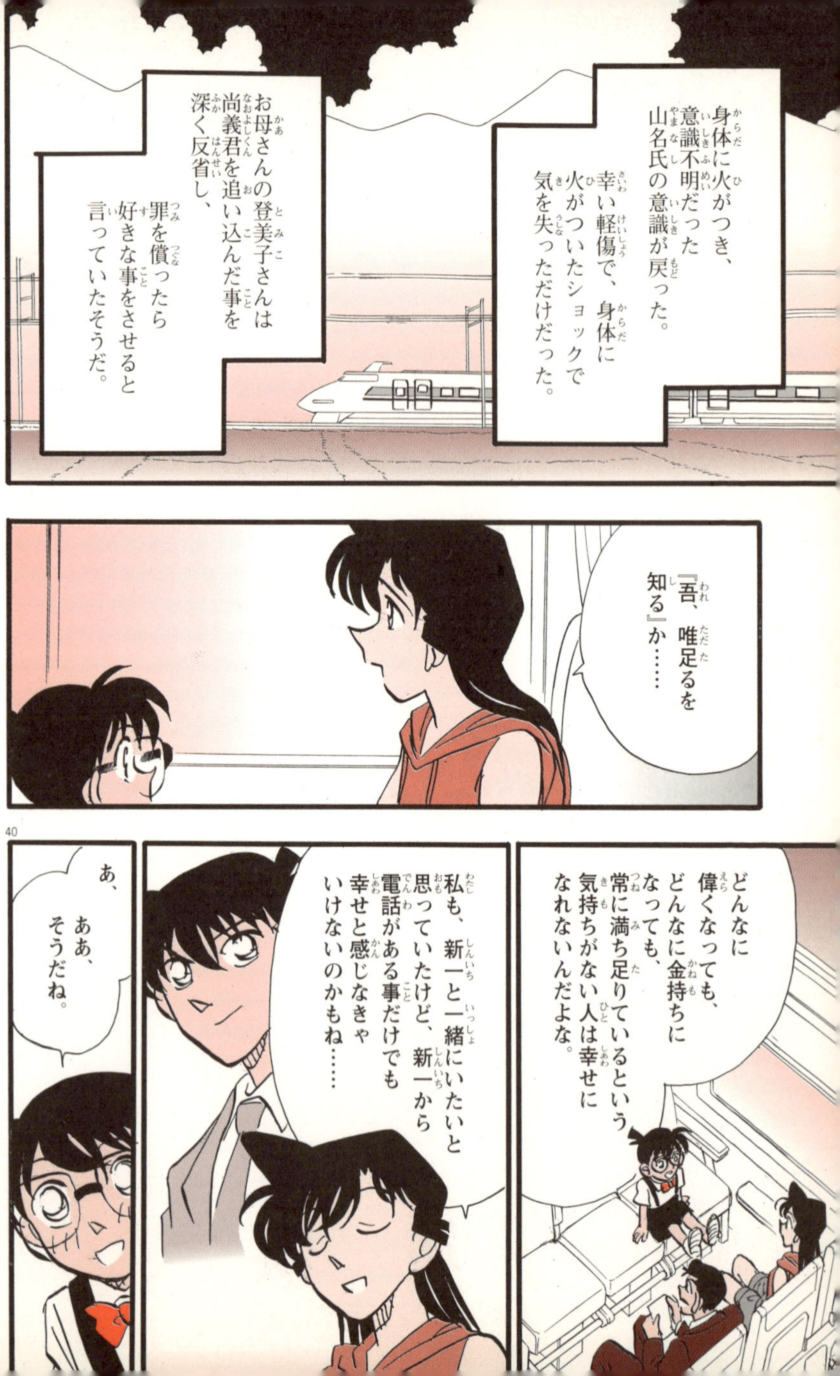

身体に火がつき、意識不明だった山名氏の意識が戻った。

幸い軽傷で、身体に火がついたショックで気を失っただけだった。

お母さんの登美子さんは尚義君を追い込んだ事を深く反省し、

罪を償ったら好きな事をさせると言っていたそうだ。

どんなに偉くなっても、どんなに金持ちになっても、常に満ち足りているという気持ちがない人は幸せになれないんだよな。

私も、新一と一緒にいたいと思っていたけど、電話がある事だけでも幸せと感じなきゃいけないのかもね……

あ、ああ、そうだね。

あの坊主、貧乏そうだったのに、たんまり礼金くれよったぞ!!

ああ見えても、本当は室町銀行の一族の人だもんね!

そうだよな! それならもっとくれても良かったんじゃねえか?

あーあ、この人だけは一生満足って言葉を知らないだろうね。

ホントねっ!!

室町時代

室町幕府のしくみと足利義満

14世紀

日本全国に広がった天皇と将軍の争いによって戦乱の世が続いたが、三代将軍・義満の時代に室町幕府もやっと安定した。

足利家の系譜と守護大名

1367（貞治6）年、足利義詮が病死した。義詮が二代将軍となってから10年近くが過ぎたころである。その子・義満は10歳で足利家を継ぎ、翌年、第三代将軍となった。京都の室町に壮麗な邸宅を構え、そこで政治を行ったので室町幕府と呼ばれた。

このころ、幕府の地方の軍事指揮官だった守護が力を持つようになって、山名、細川、大内などが守護大名と呼ばれるようになった。さらに力を持つようになって荘園制を崩し、幕府に従わないものも出てくるようになった。そしてこの守護大名がのちに戦国大名に成長していくことになる。

守護大名が生まれ力を持つようになったのか。

幕府のしくみ

足利義満の時代には、室町幕府の政治体制も整った。将軍を助け政治を行う管領と呼ばれる役職も設けられた。管領は有力な3つの家から交代で選ばれたので三管領、また京都の治安を守る侍所の所司（長官）は主に4つの家から選ばれたので四職と呼ばれた。

【室町幕府のしくみ】

将軍
- 地方
  - 鎌倉府 ― 鎌倉公方 ― 関東管領
  - 九州探題
  - 奥州探題
  - 羽州探題
- 中央
  - 管領（三管領）
    - 評定衆 ― 引付
    - 政所（執事）
    - 侍所（所司）（四職）
    - 問注所（執事）

もっと知りたい日本史ファイル　建武式目十七か条

足利尊氏は政治の方針を1336（建武3）年、建武式目十七か条によって示した。建武式目には政治がよければ幕府は鎌倉でなくてもよいと述べられている。この十七か条には、「一、節約すること。一、大酒を飲みばくちをするな。一、役人は怠けてはいけない。一、礼節を尊べ…」などがまとめられている。

南北朝を統一させた足利義満

11歳で室町幕府の三代将軍となった足利義満は1368（応安元）年、九州で優勢だった南朝側を抑えたものの、各地には力をつけた守護大名が多く存在し幕府の基礎固めは十分ではなかった。

特に全国66か国の内、11か国の守護として力を持っていた山名氏は目の上のたんこぶだった。義満は山名氏の内輪もめを利用して、これを討ち、領土を3か国に削って押さえ込んだ。

1392（明徳3）年、義満は吉野に孤立した南朝に講和をすすめ、南北が交互に即位するという条件により、南朝側は天皇のシンボルである3種の神器を北朝に渡し、これで南北朝がやっと統一されることになった。

足利義満は国交を結んだ明の皇帝からは「日本国王」と呼ばれた。また、1406（応永13）年、義満は自分の妻を後小松天皇の准母（天皇の母親の代理）にし、自分は間接的に天皇の父親となった。37歳で出家し、法皇とも呼ばれた。

上辺だけの幕府の権威

室町幕府のしくみはできたものの、財政事情は厳しく経済的にはかなり弱体だった。直轄領地をほとんど持たず、さらに関東にあった足利氏、北条氏の領地は南北朝の争乱時に功のあった武将に与えたり奪われるなどして年貢収入は期待できなかった。

そのために室町幕府が頼りにしたのは鎌倉時代から発達してきた商工業者たちからの貨幣収入だった。特に繁盛していた「土倉」と呼ばれる質屋と酒屋を幕府は保護し、同時に税を課して財源とした。しかし、実際には当てにしていた商工業からの貨幣収入は不安定で、政権を安定させるには頼りないものだった。

「土倉」と呼ばれた質屋と酒屋は、高利貸しを行い利益を得ていた。

室町時代

北山文化と日明貿易

14世紀

足利義満の時代には、伝統的な公家文化と新しい武家文化を融合させた北山文化と呼ばれる独特の文化が発達した。

金閣寺に代表される北山文化

1397（応永4）年、足利義満は京都の北山に大きな山荘を建築し始めた。いまでも金色の舎利殿が金閣寺として有名なこの山荘は、諸大名を動員して造られたもので、北山殿（北山山荘）と呼ばれた。義満のまわりには水墨画、連歌、猿楽などさまざまな分野の名人が大勢集まった。詩文集『蕉堅稿』を書いた臨済宗の禅僧・絶海中津や、水墨画『竹斎読書図』を描いた周文などだ。中でも貴族や武士に好まれた猿楽を発展させて今日の能を作り上げた観阿弥・世阿弥の親子は有名だ。

このように文学、絵画、建築、芸能などが新しい発展を見せた時代だった。

足利義満はまわりに文化人を集めたんだ。

金閣寺（京都市北区）

出家していた足利義満は、1399（応永6）年、京都の北山に引っ越した。公家・武家両方の頂点に立つ支配者にふさわしく、金色の金閣寺（鹿苑寺）を建立した。

能面

能面「孫次郎」金剛孫次郎作。観阿弥により創設された能は、世阿弥へと受け継がれた。世阿弥は『花伝書』という書物を記し、幽玄美を理想とした歌舞中心の美しい能を創造した。

禅宗の寺が栄え五山の僧が活躍

鎌倉時代の末、幕府から五山の称号を与えられた禅宗の寺は特別に扱われ、保護された。義満のころには、京都と鎌倉に5つずつ「五山」の寺が定められ、そのさらに上位に南禅寺が位置づけられた。

この五山の僧たちによる活躍は文化の面でも大きな影響をもたらした。その代表が漢詩や漢文などの五山文学だ。中国から伝えられた宋学という学問、水墨画、墨跡（禅の書）、書院造り、枯山水のわびた禅宗風の庭園など、禅宗の僧たちは現在にも伝わる日本文化に深い影響を及ぼした。禅宗の僧による代表的な作品に義堂周信による『義堂和尚語録』や、同じく如拙による水墨画『妙心寺退蔵院瓢鮎図』がある。

盛んになった明との貿易

この時代、中国は明という統一国家になっていたが、幕府の経済状況を改善するために、義満は日明貿易を推し進めた。日明貿易には勘合符と呼ばれる渡航証明書が使われた。これは明の皇帝から日本国王（将軍）に与えられた木製の札だ。勘合符を使ったことから日明貿易は勘合貿易ともいわれている。日本からは銅や刀が輸出され、明からは生糸、絹織物、明銭、砂糖、陶磁器、書画などが輸入され、幕府の大きな財政源となった。

勘合の使い方

日本の使者（僧侶）と明の役人が勘合符を合わせ、ぴったり合えば入国を許された。

大陸沿岸をおそう倭寇

当時、中国や朝鮮は国家間どうしの貿易だけを認めていた。だから国境付近に住む人々が勝手に貿易をしたり、場合によってはものや人を奪うことを倭寇と呼んだ。

倭寇は、朝鮮半島から中国沿岸部にいたるまでその活動範囲を広げていったが、この被害に手を焼いた明国は室町幕府に取り締まりを要請した。義満はこれに応じて取り締まりをする引き替えとして勘合貿易を始めた。

【倭寇と遣明船の航路】

前期倭寇の侵略地
前期倭寇の航路
後期倭寇の侵略地
後期倭寇の航路
遣明船の航路

勘合貿易で使われた遣明船（勘合船）は、瀬戸内海などで使われていた船を改修したもの。日明貿易では明国の寧波との間を行き来したが、倭寇は、前期は朝鮮半島近辺、後期になると南に下り台湾などにも現れた。

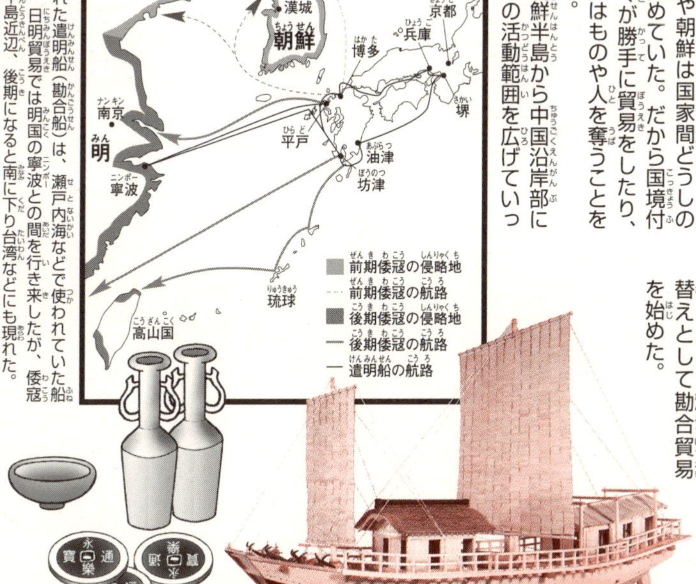

遣明船

室町時代

京の都を戦乱に巻きこんだ応仁の乱

15世紀

将軍の跡継ぎを巡り、守護大名たちが東西2つに別れて争ったのが応仁の乱だ。京を舞台に11年にわたり戦乱が続いた。

文化にいそしむ無責任将軍、足利義政

1449（宝徳元）年、14歳で八代将軍となった足利義政は、銀閣寺を創建した将軍として有名だが、義政のころから、幕府は衰えを見せ始める。

政治は管領をはじめとする有力な守護大名らによって実権を握られており、政治手腕のない幼い義政は、風流な催しや宴会に明け暮れていた。

【足利義政像】

政治手腕は持たなかった八代将軍・義政だが、芸術的手腕は十分発揮した。中国の高級陶器や絵画を収集したり庭を造るなど、東山文化の中心となった。

利殖家・日野富子

足利義政の妻・日野富子は、16歳で義政の妻となった。富子は、義政に代わって将軍代理の立場で和平にも努力したが、派手で利殖にたけた女性だったため、義政をしのぐ勢力を持っていたといわれている。しかし、戦乱で苦しんでいる人たちから取り立てたために、人々の怒りを招くことになった。

【日野富子像】

夫である足利義政が政治を行わず、息子・義尚も幼かった。このために、応仁の乱の間、義政の妻・日野富子が代理として政治を行った。

下剋上の世相をつくった応仁の乱（1467年）

管領を中心として行われていた幕府の政治だが、管領をつとめる有力大名・細川勝元と、幕府最大の実力者で侍所の所司（長官）・山名宗全が勢力を競い合っていた。

1467（応仁元）年、将軍の跡継ぎを巡り、細川氏と山名氏の対立が激化し、東軍と西軍とに分かれて戦いが始まった。これが応仁の乱だ。戦いは京の都を主戦場に、11年間も続いた。

乱後、幕府にも、公家や社寺にも力はなくなり、いずれにも従わない大名の国が各地にできあがり、それぞれに強いものが取って代わるという下剋上を繰り返し始めた。

足軽　『真如堂縁起絵巻』より。11年間にわたった応仁の乱で、はじめて足軽が出現した。雑兵ともいわれた彼らは、騎馬武者の間を、武器一つの軽装備で徘徊し、時には強盗まがいの略奪も行った。

【応仁の乱・対立関係図】

	西軍	東軍
将軍家	義政 義尚	義視
幕府実力者	山名持豊（宗全）	細川勝元
畠山家	持国 義就	政長
斯波家	義廉	義敏
有力大名	大内・一色 土岐・六角	赤松・京極 富樫・武田

意外なところに応仁の乱が関係してるんだな。

もっと知りたい日本史ファイル

西陣の地名の由来

現在、華やかな錦織で有名な京都の西陣という地名は、応仁の乱で西軍の山名宗全方がこの地に陣を敷いたことからつけられた名だ。応仁の乱で京は焼け野原となってしまったが、のちに京都に戻ってきた機織り職人たちが住みつき、西陣織の技術が生み出された。

室町時代

一揆によって全国に拡大した戦乱

15世紀

応仁の乱後、戦いは全国に広まった。農民たちも一揆を起こすようになり、100年以上も続く戦国時代へと突入する。

各地で農民が反乱

各農村では有力な農民の指導で惣と呼ばれる自治組織が作られ、協力して灌漑用水路を造ったり、燃料をとる林野の利用法の掟作りなどを行った。

このように、協力体制を作っていた農民は、団結して荘園領主や守護大名に抵抗し、年貢を減らす交渉や、土倉や酒屋を襲い借金の証文を奪う土一揆を起こすようになった。中でも1428（正長元）年に山城で起こった正長の土一揆は、農民が馬借（運送業者）や武士と手を結んで戦った、大規模な土一揆として有名だ。

農民たちは会合を開き、一揆を起こすかどうかを話し合った。

時には武士に助けを求め、利害が一致すると協力して戦った。

一揆の衆は土倉や酒屋を襲い、米を奪うなどした。

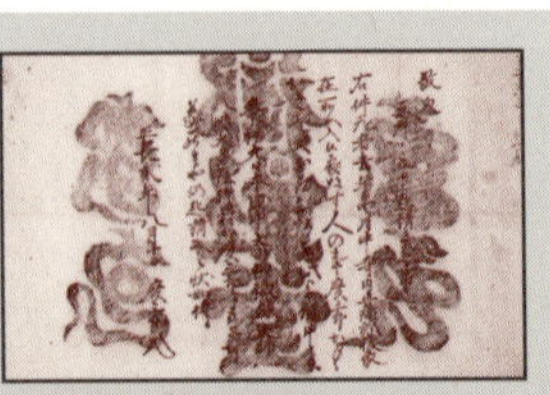

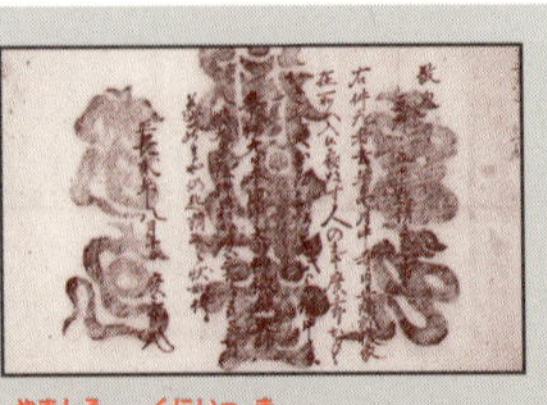

山城の国一揆

山城（京都）南部では、武士と農民が団結して守護大名を追い払い、自治を行った。写真は起請文という、農民どうしの誓いの印だ。

農民たちは組織を作り年貢を取り立てる守護大名に対抗したんだ。

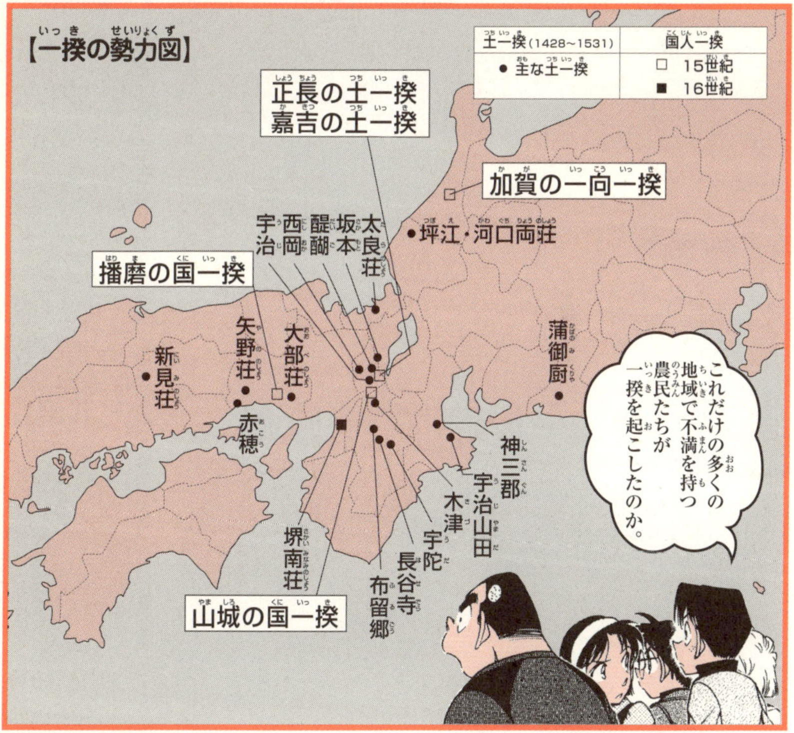

【一揆の勢力図】

土一揆(1428～1531)	国人一揆
● 主な土一揆	□ 15世紀
	■ 16世紀

正長の土一揆
嘉吉の土一揆

加賀の一向一揆

坪江・河口両荘

太良荘
坂本
醍醐
西岡
宇治

播磨の国一揆

矢野荘
大部荘
新見荘
赤穂

蒲御厨

神三郡
宇治山田
木津
宇陀
長谷寺
布留郷
堺南荘

山城の国一揆

これだけの多くの地域で不満を持つ農民たちが一揆を起こしたのか。

近畿一円に及ぶ広範囲をまきこんだ正長の土一揆など、一揆は京都や奈良を中心に各地で起こるようになった。

守護大名を倒した一向一揆

一向宗は鎌倉時代、親鸞の開いた浄土真宗の系列で、京都東大谷の本願寺が中心。親鸞の血を引くものが代々法主となった。第八代の法主となった蓮如は、農民の自治組織である惣を中心に、優しい言葉で教えを説き、信仰の上での組織作りをしていった。

このころ、応仁の乱の争乱が越前や加賀(石川)にも及んでおり、加賀では守護大名の富樫氏が2つに分かれて戦っていた。この戦いに一向宗の門徒が応援を依頼され、圧制を恨んでいた農民たちが参加。富樫氏を打ち負かした。

そののち、100年近く、一向宗の門徒による加賀支配が行われた。

一向宗の信徒が掲げた旗

書かれているのは一向宗の信徒たちのスローガンで「進めば極楽、退けば地獄」という言葉だ。

室町時代

東山文化と琉球、蝦夷の情勢

15世紀

応仁の乱と前後し、足利義政を中心に芸術性の高い文化が発達した。建物と庭園が見事な調和を見せる銀閣寺はその代表だ。

戦乱の合い間に花開いた東山文化

長期にわたる応仁の乱が一段落したあと、八代将軍・足利義政のまわりを中心に、東山文化と呼ばれる文化が栄えた。北山文化と違い、派手さを競ったりはせず、建築、庭園、書画など様々な分野で自然を生かした美を追求しているのが特色だ。銀閣寺の控えめな佇まいに代表されるように、能、花、茶といった芸能分野でも、「わび」、「さび」といった表現が取り入れられ、今日に至るまで日本文化に影響を与えている。

銀閣寺（慈照寺・京都市左京区）

足利義政の建てた銀閣寺は渋さの中に気品があり、東山文化の代表といえる。2階建ての簡素な建物で、1階は書院造、2階は観音をまつる仏殿で禅寺風の窓がつけられている。

石庭（龍安寺・京都市右京区）

禅宗の影響で、幽玄という独特の味わいが醸し出された石の庭が造られた。京都の龍安寺、大徳寺の大仙院が有名だ。

水墨画 雪舟作「天橋立図」

墨の色だけで自然の山水を表現しようとする水墨画。中国の唐・宋の時代に起こった手法で、雪舟によって完成された。

琉球王朝の成立

琉球(沖縄)では、グスクと呼ばれる石垣を巡らせた琉球独特の城が築かれた。これは12世紀頃から現れた按司と呼ばれる領主によって造られた城だ。14世紀、3人の有力な按司が、ほかの按司を従えたことで、沖縄本島は北山、中山、南山という3つにまとまった。これを三山時代という。さらに南山の佐敷城の按司・尚巴志が、琉球全土を統一し、1429(永享元)年、琉球王国が成立した。王城は首里におかれることになった。

石を積んで造られたグスクは、沖縄本島と周辺の島に、200を越える史跡が存在するといわれる。各地にあったグスクは、按司たちの権力争いによって淘汰されていった。

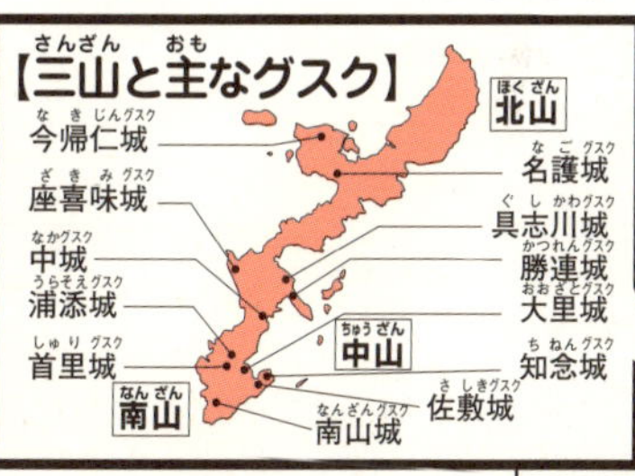

蝦夷との交流

もともとアイヌの人々が住んでいた北海道に、15世紀頃、本州の日本海側から移り住んだ人々がいた。彼らは和人と呼ばれ、港の近くに館という城を築いて暮らしていた。和人はアイヌの人々と交易を行い、さらにそこで得た品物を本州や中国、朝鮮に送って利益を上げながら豊かな暮らしを送っていた。

しかし、アイヌの少年が和人に襲われた事件をきっかけに、和人とアイヌの人々との対立は深まり、次第に戦いに発展した。

1457(長禄元)年、アイヌ人の指導者・コシャマインの指揮のもとでアイヌの人々は和人の館をいくつも攻め落としたが、コシャマインの死を境にアイヌ側は敗北した。

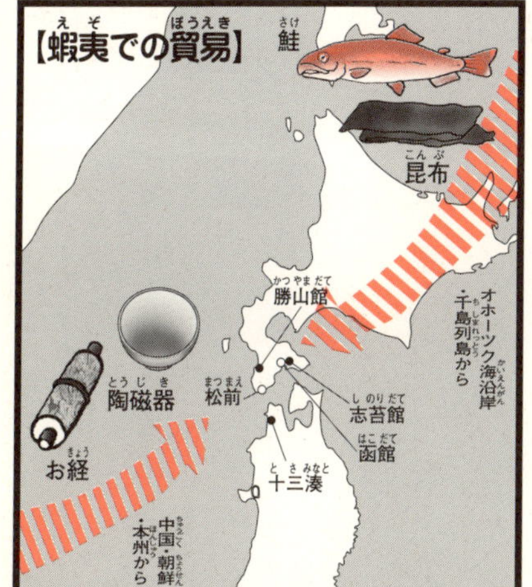

室町時代になると、蝦夷南部の沿岸地帯や津軽半島の十三湊は貿易の中継地として栄えた。北からは昆布や鮭などの海産物。中国や朝鮮からは陶磁器、お経などが輸入された。

京都お散歩マップ

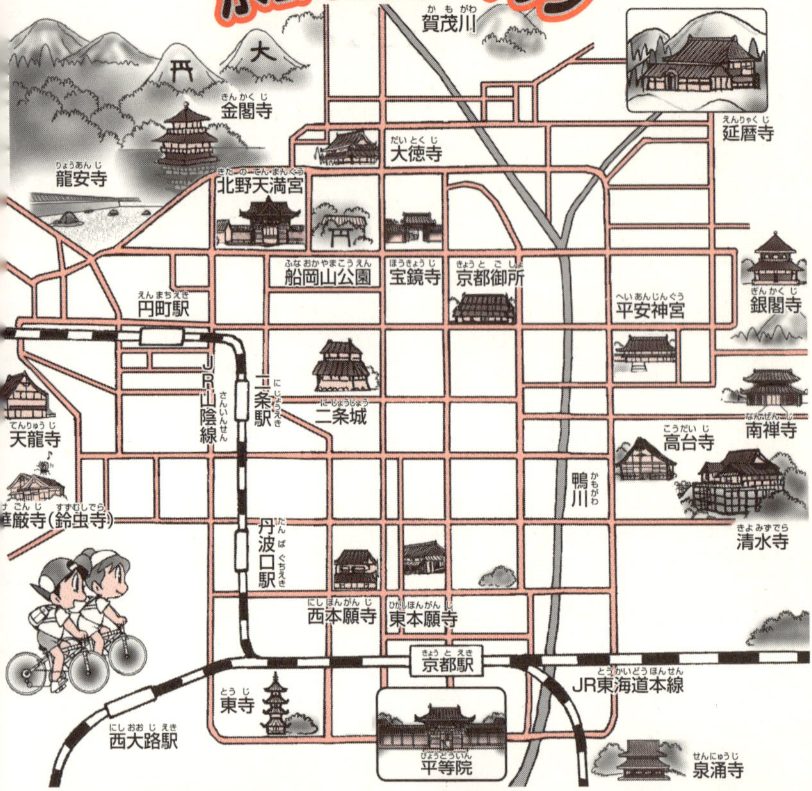

賀茂川
金閣寺
延暦寺
大徳寺
龍安寺
北野天満宮
船岡山公園
宝鏡寺
京都御所
銀閣寺
円町駅
平安神宮
JR山陰線
二条駅
二条城
天龍寺
南禅寺
高台寺
鴨川
華厳寺(鈴虫寺)
清水寺
丹波口駅
西本願寺
東本願寺
京都駅
JR東海道本線
東寺
西大路駅
平等院
泉涌寺

平安神宮

桓武天皇が平安京に都を移してから1100年たったのを記念して、1895(明治28)年に建てられた。神殿には桓武天皇と平安京最後の天皇・孝明天皇が祭られている。

京都御所

儀式の行われる紫宸殿、天皇の日常生活や政務の場である清涼殿、公卿たちの会議が行われた陣の座など、当時の様子を伝える建物が残っており現在も皇族の滞在や行事などに使われている。

銀閣寺

室町幕府の八代将軍・足利義政が三代将軍・足利義満の金閣にならって建てたもの。銀閣と呼ばれる観音殿が有名なために銀閣寺の名で広く知られている。正式名称は慈照寺。

金閣寺

正式には鹿苑寺という名だが、北山文化を代表する豪華華麗な金閣があるため、金閣寺と呼ばれている。池のほとりに金箔で覆われた金閣が建ち、庭園は国の特別史跡・特別名勝になっている。

天龍寺

足利尊氏が後醍醐天皇の菩提を弔うために夢窓疎石を開山として建てた寺院。尊氏はこの費用を得るために天龍寺船と呼ばれる貿易船を明国に派遣した。現在の建物は明治時代の再建。

東寺

桓武天皇が平安京に都を移した時に建てた寺のひとつ。空海によって、教王護国寺と名付けられた。同寺に安置されている増長天の神秘的な姿には密教の世界が現されている。

西本願寺

本願寺は宗祖・親鸞により開かれた浄土真宗本願寺派の本山。織田信長との戦いのあと、転々としていたが1591（天正19）年に現在の下京区に建立された。国宝の書院・飛雲閣・唐門等が有名。

比叡山延暦寺

天台宗の総本山。最澄が９世紀初めに創建した。最澄が最初に草庵を結んだ跡に建てられている根本中堂は、すでに400年もたっている建物。ほかに釈迦堂、法華堂などがある。

鶴岡八幡宮

源頼義が、京都の石清水八幡宮の神を東国の武士の守り神として、鎌倉の由比若宮に移したのがもと。これを源頼朝が現在の地に移し、源氏の氏神を祭って、町の中心的な場所となった。

名越切通し

切通しとは鎌倉と外を結ぶために山を削って人が通れるようにした場所。一人がやっと通れるような道幅の狭い通路で、鎌倉時代にはこのような切通しが七つあり、外敵の侵入を防いでいた。

大仏

尼将軍・北条政子の13回忌の法要のために北条泰時が造立を志したもの。今は鎌倉・長谷の高徳院に金銅製の大仏があるが、元は木製の大仏が深沢の里に造られた。

建長寺

鎌倉五山の一つ。1253（建長5）年、北条時頼が建立し蘭渓道隆をこの寺に招いた。鎌倉を代表する禅寺。鎌倉末期に炎上した際、再建のため貿易船が出されるほど幕府に手厚く保護された。

神社・仏閣ガイド

吉野の吉水神社

桜で有名な奈良県吉野郡にある吉野山は、後醍醐天皇に始まる南朝の置かれたところ。吉水神社には後醍醐天皇の御座所が残り、吉野朝宮の跡がある。

奈良県吉野郡吉野町吉野山579
交通：近鉄吉野駅よりロープウェイ5分、
　　　吉野口駅より徒歩10分
電話：07463-2-3024

中尊寺

岩手県平泉の中尊寺は藤原清衡が建てた寺。現在に残る金色堂のほか、近くには毛越寺浄土庭園など奥州藤原氏三代にわたる史跡が数多く残されている。

岩手県西磐井郡平泉町衣関202
交通：JR東北本線平泉駅よりバスで10分
電話：0191-46-2211

厳島神社

広島県の宮島にある厳島神社は、平氏の守り神として平清盛によって建てられた。宮島（厳島）は、島全体が国の特別史跡、特別名勝に指定されている。

広島県佐伯郡宮島町1-1
交通：JR山陽本線宮島口駅よりフェリー乗船約10分
電話：0829-44-2020

高野山金剛峯寺

高野山真言宗の総本山。空海が創建した寺で、和歌山県指定重要文化財に指定されている。豊臣秀次が自刃した柳の間や狩野探幽作の襖絵がある。

和歌山県伊都郡高野町高野山132
交通：南海電鉄（ケーブル）高野山駅より南海りんかい
　　　バス大門行き　金剛峯寺前下車
電話：0736-56-2011

博物館・資料館ガイド（1）

国立歴史民俗博物館

約3万5000m^2という東京ドームの約2倍の広さを持つ総合博物館。数万年前から昭和初期までの日本の歴史と文化について、多数の資料を展示している。

千葉県佐倉市城内町117
交通：京成電鉄京成佐倉駅から徒歩15分
電話：043-486-0123

東北歴史博物館

旧石器時代から近現代までの東北地方の歴史や文化を、時代別に9つのコーナーに分けて展示している。図書の閲覧、ビデオの視聴が可能。

宮城県多賀城市高崎1-22-1
交通：JR東北本線国府多賀城駅からすぐ
電話：022-368-0106

神奈川県立歴史博物館

日本の歴史の主要な舞台となった神奈川の歴史を古代から現代まで五つに分けて分かりやすく展示。鎌倉時代の人々の暮らしを垣間見ることができる。

神奈川県横浜市中区南仲通5-60
交通：JR桜木町駅・関内駅から徒歩8分
　　　みなとみらい線馬車道駅から徒歩1分
電話：045-201-0926

東京国立博物館

旧石器時代から江戸時代までの日本の考古・美術品や、中国、朝鮮、西アジアなどの考古・美術品を展示している総合博物館。

東京都台東区上野公園13-9
交通：JR上野駅・鶯谷駅から徒歩10分
電話：03-5777-8600（ハローダイヤル）、
　　　03-3822-1111（代表）

博物館・資料館ガイド（2）

京都府京都文化博物館

平安京の羅城門や町並みの模型と出土品などを中心に、1200年間の京都の町の歴史と文化を展示している。別館は明治時代の旧日本銀行京都支店。

京都府京都市中京区三条高倉
交通：地下鉄烏丸線、東西線烏丸御池駅から徒歩3分
電話：075-222-0888

奈良国立博物館

日本全国の古社寺の協力を得て、文化財を収集・保管。仏像などを中心に多数の国宝・重要文化財を含む仏教美術を陳列している。

奈良県奈良市登大路町50番地
交通：近鉄奈良駅より市内循環バス「氷室神社・国立博物館」下車

広島県立歴史博物館

川底に埋もれた中世の町「草戸千軒町遺跡」を中心に、広島県を中心とする瀬戸内地域の「交通・交易」や「民衆生活」に関する資料を展示している。

広島県福山市西町2-4-1
交通：JR山陽本線福山駅下車、北口より西へ約400m
電話：084-931-2513

京都国立博物館

京都を中心とした社寺に伝わる宝物を保護する目的で、帝国博物館として発足。中世の考古資料、日本・中国の彫刻、絵画、書物など多数が展示されている。

京都府京都市東山区茶屋町527
交通：京阪・阪急電車七条駅下車、徒歩7分
電話：075-541-1151

歴史年表 平安時代～室町時代

平安時代

西暦	政治・経済・外交	文化	世界のできごと
七八四	長岡京遷都(47)		イスラム帝国が栄える(七八〇頃)
七九四	桓武天皇による平安京遷都(46)		フランク王国のカール大帝が西ローマ帝国皇帝となる(八〇〇)
八〇一	坂上田村麻呂による東北遠征(48)		
八〇四	遣唐使に従い最澄・空海が唐へ渡る	最澄	
八〇五	東北平定計画の中止(49) 最澄が天台宗を開く(51)	空海	
八〇六	空海が真言宗を開く(51)	唐風文化	
八一六	空海が高野山金剛峯寺を創建(51)		
八一八		『文華秀麗集』がまとめられる	フランク王国が3つに分かれる(八四三)
八四二	承和の変(52)		
八六六	応天門の変(52)		黄巣の乱が起こり、唐が衰える(八七五)
八九四	遣唐使の廃止(55)		新羅で大乱が起きる(八九一)
九〇三	菅原道真、大宰府にて死去(55)	国風文化	

年	出来事	文化
九〇五		『古今和歌集』がまとめられる(56)
九三五	平将門の乱(58)	紀貫之『土佐日記』
九三九	藤原純友の乱(59)	清少納言『枕草子』 紫式部『源氏物語』(57)
一〇五一	前九年の役(62)	仮名文字の誕生(57)
一〇五三		平等院鳳凰堂が完成(56)
一〇八三	後三年の役(62)	
一〇八六	白河上皇が院政をはじめる(61)	
一一二四		中尊寺金色堂建立(67)
一一五六	保元の乱(64)	
一一五九	平治の乱(65)	
一一六七	平清盛が太政大臣となる(66)	
一一八〇	源頼朝、挙兵へ(68)	
一一八一	平清盛、熱病により死去(68)	
一一八五	平氏一門、壇之浦にて滅亡(69)	

厳島神社

唐が滅び、五代時代になる(九〇七)
新羅が滅ぶ(九三五)
高麗が朝鮮半島を統一する(九三六)
宋が中国を統一する(九七九)
セルジュク=トルコが興こる(一〇三七)
ノルマン人がイングランド征服(一〇六六)
第1回十字軍遠征(一〇九六)
女真族が金を建国(一一一五)
セルジュク=トルコが衰える(一一五七)

鎌倉時代

西暦	政治・経済・外交	文化	世界のできごと
一一八九	源頼朝が奥州藤原氏を滅ぼす(112)	『平家物語』が琵琶法師により流布(120)	
一一九二	鎌倉幕府成立(113)	鎌倉文化	
一二〇三		東大寺金剛力士像が造られる(120)	
一二〇五		藤原定家らが『新古今和歌集』をまとめる(120)	蒙古でチンギス・ハンが即位(一二〇六)
一二一二		鴨長明『方丈記』(120)	イギリスで大憲章ができる(一二一五)
一二一九	源実朝が公暁に殺害される(113)		
一二二一	承久の乱(114)		
一二三二	北条泰時が貞永式目を制定(115)		蒙古が金を滅ぼす(一二三四)
一二五二		鎌倉大仏の鋳造開始(120)	フビライ・ハンが即位する(一二六〇)
一二七四	文永の役(119)		蒙古が元となる(一二七一)
一二八一	弘安の役(119)		
一二八二		円覚寺建立(120)	
一二九七	永仁の徳政令(122)		
一三三一	元弘の変(123)	吉田兼好『徒然草』	

源頼朝

時代	年	できごと	文化
南北朝時代	一三三三	鎌倉幕府滅亡(123)	
	一三三四	建武の新政(124)	北山文化
	一三三六	南北朝の動乱はじまる(126)	五山文学が栄える(172)
	一三三八	足利尊氏が征夷大将軍となる(127)	妙心寺退蔵院『瓢鮎図』(172)
室町時代	一三九二	南北朝の統一(171)	
	一三九七		金閣寺建立(172)
	一四〇〇		世阿弥『花伝書』(172)
	一四二八	正長の土一揆が起こる(176)	
	一四六七	応仁の乱(175)	東山文化
	一四八六		雪舟『山水長巻』
	一四八八	一向一揆の衆が加賀の国を支配(177)	宗祇らが『水無瀬三吟百韻』をまとめる
	一四八九		銀閣寺建立(178)

足利尊氏

後醍醐天皇

能面(孫次郎)

- 英仏百年戦争がはじまる(一三三八)
- ヨーロッパでペストが大流行(一三四七)
- 朱元璋が明を興こす(一三六八)
- ティムール帝国が成立する(一三七〇)
- 百年戦争でジャンヌ=ダルク活躍(一四二九)
- 東ローマ帝国が滅ぶ(一四五三)

※( )内の算用数字は、関連記事が掲載されているページを表します。

写真資料提供（五十音順、敬称略）

安養院
石山寺
厳島神社
えさし藤原の郷
神奈川県立歴史博物館
鎌倉市役所
京都国立博物館
京都御所
京都市埋蔵文化財研究所
京都市歴史資料館
京都美術院
京都府京都文化博物館
京都府立総合資料館
金閣寺
銀閣寺
元寇資料館
建長寺
高徳院
高野山金剛峯寺
国立歴史民俗博物館
相國寺承天閣美術館
正倉院
真正極楽寺　真妙堂
大徳寺
醍醐寺
高雄山神護寺

中尊寺　文化財管理部
長善寺
鶴岡八幡宮
天龍寺
東京国立博物館
東寺
東大寺
東北歴史博物館
奈良国立博物館
西本願寺
比叡山延暦寺
平安神宮
平等院
広島県立歴史博物館
福島県立博物館
宝鏡寺
宝慶寺
防府毛利報公会
前田育徳会
三井文庫
妙法華寺
武蔵御嶽神社
室生寺
吉水神社
龍安寺
六波羅蜜寺

楽しく読めて、勉強に役立つ――。

名探偵コナン
学習まんがシリーズ

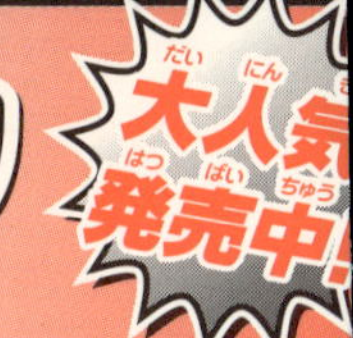

名探偵コナン推理ファイル

各定価:840円(税込)

恐竜の謎
ISBN4-09-296102-2

恐竜博で起きた怪事件を追って、少年探偵団が大活躍!

地球の謎
ISBN4-09-296101-4

地球の46億年の謎に、コナンと少年探偵団がせまる!

昆虫の謎
ISBN4-09-296115-4

山奥の村に迷いこんだコナンたちに、昆虫忍者がおそいかかる!

日本史の謎①
ISBN4-09-296121-9

遺跡を訪ねるミステリートレイン・ツアーで事件が発生!

サイエンスコナン 実験・観察ファイル

各定価:840円(税込)

磁石の不思議
ISBN4-09-296103-0

カンタンにできる実験が満さい! 磁石の不思議をコナンと学ぼう!!

レンズの不思議
ISBN4-09-296104-9

レンズを使って、暗号文にかくされた謎を解こう!

2004年6月上旬発売!!

名探偵コナン3D自然観察ファイル

特製3Dスコープ付き!

恐竜や動物、昆虫たちの写真が立体的に見える!

ISBN4-09-295231-7 定価:1260円(税込)

これからも、ぞくぞく登場! 見のがすな!

日本史の謎 ②

2004年6月20日初版第1刷発行

原作／青山剛昌
監修／本郷和人(東京大学助教授)
まんが／阿部ゆたか・丸伝次郎
シナリオ／平良隆久
学習ページイラスト／青山剛昌・もちつきかつみ
編集協力／株式会社ピーアールハウス・株式会社ダン
編集人／澁谷直明

発行者　中島信行
発行所　株式会社　小学館
〒101-8001　東京都千代田区一ツ橋2-3-1
電話　編集 03-3230-5430
制作 03-3230-5333
販売 03-5281-3555
振替 00180-1-200
印刷所　三晃印刷株式会社
製本所　株式会社難波製本

造本には十分注意しておりますが、万一、落丁・乱丁などの不良品がありましたら「制作局」あてにお送りください。送料小社負担にてお取り替えいたします。

Printed in Japan　ISBN4-09-296122-7